〔件名〕新刊のご案内【株式会社たその会社　天真みちる】

ご担当者様

はじめてご連絡差し上げます。

株式会社たその会社・代表取締役社長の天真みちると申します。愛称は「たそ」です。

さて、突然で誠に恐縮ではございますが、貴社へ弊社の新刊『こう見えて元タカラジェンヌです　遅れてきた社会人篇』のご案内をしたくご連絡を差し上げた次第です。

書名の通り、弊社代表取締役の天真は、こう見えて元タカラジェンヌでございます。

宝塚歌劇団には音楽学校時代も含めまして約15年ほど在籍し、主に「おじさん役者」として活動しました。

退団後、歌って踊れるサラリーマンとして社会人の道を歩み、後にフリーランスとなりました。まさに社会人としての第一歩が遅れてきたのであります。

ご多忙の中大変恐縮ではございますが、詳細をご希望の場合はお返事下さいませ。

まずは、略儀ながらメールにてご挨拶申し上げます。

ムリ……片っ苦しすぎて私にはこれが限界だ……。

皆様大変お久しぶりでございます。天真みちるです。

前作『こう見えて元タカラジェンヌです』を出版してから約2年が経ちました。

正直、宝塚歌劇団在団中のエピソードが人生の中で（いろんな意味で）一番「濃い」と思っていたのですが……見誤りました。

濃い人生、まだまだ邁進中でございます！

今回はそんな「遅れてきた社会人」としての人生を、二幕、24場でお届けします。

楽しんで頂けましたら幸いです。

それでは……大変長らくお待たせ致しました。
只今より、天真みちる作・演出
現代浪漫活劇『こう見えて元タカラジェンヌです　遅れてきた社会人篇』二幕を開演致します。
最後までごゆっくりご観劇下さい。

もくじ

〔件名〕新刊のご案内【株式会社たその会社　天真みちる】 2

第一幕

第1場　「元」タカラジェンヌとしての第一歩 8
第2場　転職したらプロデューサーになった件 19
第3場　SNSデビューと恐るべき議事録 27
第4場　ギックリ首と卒業後初のタカラヅカ 39
第5場　新人サラリーマンのブルース〜新たな肩書を求めて〜 48
第6場　プレイヤー天真へのお仕事 55
第7場　初めての脚本・演出依頼 66
第8場　与えられた試練〜30日後に泣くたそ〜 72

第9場 「演出家」への険しい道のり 82
第10場 タンバリン芸人としての需要 89
第11場 ドキュメントオブ天真爛漫ショー 98
第12場 みんな違ってみんないい、こともない 109
第13場 さらばサラリーマンたそ 119

第二幕

第14場 フリーランス・天真みちるの誕生 132
第15場 書けるの？ 書けないの？ どっちなんだい！ 142
第16場 フリーランス・テンマの日記〜自由と地獄の輪舞曲〜 158
第17場 ジャーニーオブ断食道場 175
第18場 静寂の中で生まれたもの 184

第19場　ラブストーリー（仮）は突然に　199
第20場　約4坪のお見合い会場　210
第21場　新感覚のプロポーズ　224

フィナーレ

第22場　エリザベート・ガラ・コンサートへの道のり　242
第23場　稽古場日記〜アニバーサリーバージョン〜　253
第24場　稽古場日記〜フルコスチューム・スペシャルバージョン〜　267

さよなら皆様　282

社会人・天真みちる（第一期）のあゆみ　284

第一幕

第1場　「元」タカラジェンヌとしての第一歩

プロローグ

遡ること4年前……。

2018年10月14日深夜、帝国ホテルのある客室。

青春のすべてを（不思議な角度で）懸けて過ごした宝塚歌劇団を卒業し、『あしたのジョー』の最終回のように、燃えつきた……真っ白な灰に……と、抜け殻になっていたタカラジェンヌ天真みちる。

「人生のグランドフィナーレを迎え、ここからは平穏に余生を送るか……」

そう思い、深い眠りについた。

2018年10月15日昼過ぎ、帝国ホテルのある客室。

公演中の緊張感から解き放たれ、久々の大寝坊をかました「元」タカラジェンヌ天真みちる。ゆっくりと身体を起こし、伸びをする。その後立ち上がり、顔を洗う。マグカップに牛乳を注ぎ、レンジで温める。ほのかに温かいホットミルクを飲み、朝ご飯（昼だけど）の準備をする……

「あ〜なんてゆったりとした1日の始まり……（昼だけど）」

そう思い、スーッと深呼吸をした。その後こう思った。

「……つーか、余生、長すぎじゃね!?」

この時、天真みちるは三十路に突入したばかり。

アサヒスーパードライと同い年の彼女には、余生と呼ぶには長すぎる人生が待ち受けていた。そしてこの日『こう見えて元タカラジェンヌです　遅れてきた社会人篇』のスタートが切られたのであった……。

元タカラジェンヌのお引っ越し

タカラジェンヌは在団中、自身の技術向上の為、常に稽古に励む。歌って、踊って、芝居して……タップダンス、タンゴ、スパニッシュ、はたまた日本舞踊など……いつどんなジャンルの公演が来ても対応できるよう、1日のほとんどの時間を様々なジャンルのレッスンに費やす。

ただ、その次に時間を費やしているのが……「荷造り」である。

各組、1年に2回、組子（各組に配属された劇団生のこと）全員が出演する宝塚大劇場・東京宝塚劇場公演があり、その間には、ディナーショーや、宝塚バウホール、東京青年館などでの小劇場公演がある。更には、日本中を旅して回る全国ツアーもある。

そしてそのたびに、化粧品（信じられない量）、ドライヤー、ヘアスプレー（箱買い）、シャンプー、トリートメント、タオル、ヘアバンド、化粧前（楽屋の化粧机に敷く布）、メイク落とし、スキンケア用品、歯ブラシ、リハーサル用のジャージなどの「公演に必要な物」と、私服（カジュアル、フォーマルなど各5種類ずつくらい）、バッグ（大・小3種類くらい）、帽子（5種類くらい）、靴（スニーカー、サンダル、よそ行き用、ブーツなど5種類くらい）、タオル、パジャマ、部屋着のジャージ、ルームシューズ、普段用の化粧品、ドライヤー、ヘアワックス、シャンプー、トリートメント、ヘアケア品、メイク落とし、スキンケア用品、歯ブラシ等々の「生活に必要な物」を、公演日数に応じて量を調節し、パッキングする。

基本的な必需品の他に、移動した先でも普段通りの生活をしたいと強く思えば思うほど、枕や、コーヒーマシンや、本などのオプション的荷物も増えていく。なんなら、毎日歌って踊る身体をしっかりと休ませ健康に保つ為に、ベッドマットレスを運ぶ人だっている（ちなみに私はプレステ3を厳重に梱包し運んでいた）。

もはや、「ちょっとした民族大移動」である。


劇団に入りたての頃は、何が必要なのか見当もつかず（旅のしおりがあるわけではないので）、あーだこーだと1日かけて選別し、5時間位かけてパッキングしても、移動した先であれがないこれがないと買い足したり、はたまた滞在先で一度も手に触れることのない物をチョイスしてしまったりと、マジで踏んだり蹴ったりな荷造りも、13年間続けていると、1時間程で自分に必要な物をスッとパッキングできるようになっていく。

そんな、まるでサーカス団のように荷造りの達人になっていた頃……宝塚歌劇団を卒業することを決め、お稽古に励み、宝塚大劇場公演に励み、千秋楽を終えた次の日から、それは始まった。

引っ越しという名の「究極の荷造り」が。

そう……新たな世界の第一歩にほぼすべてのタカラジェンヌがすること。それは……

引っ越しなのだ。

カオスすぎる1週間

基本的に、多くのタカラジェンヌさん達は、東京宝塚公演千秋楽までの「すべての退団公演」が終わってから、再び住まいのある宝塚へ戻り、引っ越しの作業に取り掛かる。だが私は退団後は地元の神奈川県に戻ろうと思っていたので、宝塚大劇場公演の千秋楽の日から東京公演の為に上京するまでの1週間で引っ越しを完了させてしまおう！と、今思えば無謀な計画を立てた。

ただ、これには理由があった。元々私は、とても「荷物が少ない」ことで有名だったのである。なんなら、楽屋の荷物も少なすぎて、初日なのに「千秋楽後なの？」と聞かれるくらいだった。長年過ごした家も、ぱっと見荷物が多そうには見えない。なので、神奈川へ再び引っ越す際も、荷造りは簡単に済むだろう、くらいに軽く考えていた。

だが、甘かった。

宝塚音楽学校に合格し、拠点がそれまで住んでいた神奈川県から兵庫県は宝塚市に変わり、実家から様々な物を持って移り住み、過ごしてきた15年間……その間に増えに増えた荷物は、前述の公演に必要なものに加え、家具や電化製品、そしてこれまでの公演のお稽古時に必要だった洋服や、日本物の際のお着物など、衣服だけでも和洋あわせてメチャメチャにある。

それらが箪笥や引き出しから出てくる出てくる……。

加えて私の場合は、書籍、漫画、パンフレット、アニメ・ゲームの設定資料集、攻略本、CD、DVD、ブルーレイ、ゲーム等々、「重たいもん」と、大好きなキャラクターのフィギュア、バルキリーのプラモ等々、「神棚に飾るもん」がハチャメチャにある。

それらが本棚や飾り棚から出てくる出てくる……。

そして、これまでの公演の台本、現役時代に頂いたお手紙、上級生の方に頂いた差し入れとそれが入っていた袋、退団ブーケ（タカラヅカ卒業の際に手に持っているお花）などの「絶対に捨てられないもの」と短靴（男役の公演時に履く靴）や、私物のもみあげと髭（パワーワード）などの「絶対に捨てられないもの……なのか？」という、「一番判断に困るもん」がワチャワチャにある。

それらがどっかから出てくる出てくる……。

まるで、ディズニーランドの「ミッキーのフィルハーマジック」の冒頭で、ドナルドが小っさい箱からグランドピアノなどのフルオーケストラの楽器を出すシーンみたいに溢れだした荷物が、リビングの床一面にこれでもかとひしめき合っている。

私は悟った。

「荷物が少ないんじゃなくて、しまうのが得意だったんだ」と。

ざっと見ただけでも軽く4人家族分くらいの荷物量に匹敵すると思われる。これらを再び神奈川県へ送ることになると、運賃は相場でいうと20～30万円くらいになってしまう。流石にそれは……多すぎるのでは。

断捨離をしよう。そう決意せざるを得なかった。残念ながらこの時私はまだ「こんまりメソッド」に出会えていなかったので、「たそメソッド」でやるしかなく、すべての荷物を「アヌビスの秤」にかけていった。執事を演じた時のモーニングコートや、男物の袴などのお稽古着はクリーニングに出し、「今後おじさん役を演じていきそうな下級生」に形見分けとして授け、家電や大きな家具（ソファ・ベッドなど）は、それらこみこみで次に住んでくれる下級生が見つかり、ありがたく引き継いでもらった。

本などは、

①死んだ時棺に入れてほしいレベル
②生きている間は自分の一部として手元に置いておきたいレベル
③一度手元から羽ばたかせ、もしかしたらまた手元に戻ってくるレベル

の3段階に分け、③はすべて手元から羽ばたかせた。
「絶対に捨てられないもの」は自動的に梱包されていった。
ここまでは割と順調に選択できた。だが……最後の、「絶対に捨てられないもの……な

のか？」の判断が私を苦しめた。
短靴↓この先使うのか？　タカラヅカの舞台以外でこの先履くことはあるのだろうか？
もみあげ↓この先使うのか？　タカラヅカの以下略
髭↓この先使うのｋ以下略
答えの出ない問題に悩みに悩んだ結果、それらすべてを「絶対に捨てられないもの」に分類し、梱包した。
理由は……「なんか、辞めたらどうやって手に入るかわからないから」だった。

そんなこんなで自分の荷物達と真剣に向き合い続け……大量にあった荷物の半分は、なんとか次の行き先を見つけた。ここまでおよそ5日が過ぎようとしていた。それぞれを箱に詰め、床一面に並べ終わった頃、両親が引っ越しの手伝いをしに神奈川県からキャラバンに乗って来た。

ここから、「手伝いと言う名のカオス」が始まった。

せっかく梱包した段ボールを「これは何が入ってるの？」と片っ端から開けられ、断捨離予定だったものも「これはまだ使える」と復活の呪文を唱えられ、再びリビングへ解き放たれた。

このカオスな日々は1泊2日にわたった。

「これ、いらないならもらっても良い〜？」「好きにしてくれ……」という、一生終わらないやり取り……50回位を越えたところで、もう、両親が何を持っていきたいのか確認する気も失せた。さんざん吟味された後、私が運んで欲しいもの4割、両親が欲しいもの6割の荷物をキャラバンに詰め、両親は神奈川へと帰っていった。

あの5日間はなんだったんや……という時を過ごしてしまったが、そこからなんとか、「両親の関所を通れなかった荷物達」を再び梱包し、必要最小限の荷物を兵庫県から神奈川県へ送った。

こうして無謀な計画はなんとか1週間以内に完了した。

下級生に引き継ぐ家具以外、何もなくなった部屋を見渡し、写真に収め、「ありがとう……」と部屋に告げ、東京公演へと向かった。


だがしかし！！！　余韻に浸る時間はない！！！

東京公演の千秋楽が終われば、「荷ほどき」という名の一生終わらない地獄の時間がやって来るのだ。

私見だが、梱包よりも、荷ほどきの方が時間がかかると思う。新しい部屋に積まれた段ボールの荷物を、パズルのように配置を考えながら取り出していく。……なんとか生活できるレベルに落ち着くまでに、1週間以上かかった。

こうして、体力と感情をフルに使った長い長い引っ越しが終わった。

仕上げに、東京公演で使用したシルクフラワーでできた退団ブーケを玄関に飾った（宝塚大劇場公演の退団ブーケはひまわりの生花だったので、土台のタンバリンのみ飾った）。

それから2年と少し経った頃……

2021年の1月、ありがたいことに、歴代のトップスターさん総出演の「エリザベートTAKARAZUKA25周年スペシャル・ガラ・コンサート」への出演が決まった。

ある日のこと、衣裳合わせの際にお衣裳部さんから、

「自前の短靴とかあったら使っていいからね」

と言われた。私……短靴……持ってる。

またある日のこと、髭合わせの際にメイクの監修をされている方から、

「もみあげは用意できるかわからない」

と言われた。私……もみあげ……持ってる。

「私物のもみあげがあるので、使っても良いでしょうか？」と聞くと、相手は大きく目を見開き、「なんで私物のもみあげを持ってるんや……」と思ったのであろう束の間の沈黙の後、「いいよ」と言われた。

良かったぁ……取っておいて。

こうして、なんとなく「取っておく」を選択した2つの私物は、意外と早く日の目を見ることになったのであった。

第２場　転職したらプロデューサーになった件

スカートを穿ける、という事実

宝塚歌劇団を卒業した男役が、一番に挑戦してみたくなるイベント……それは、「スカートを穿くこと」だと思う。

私はかれこれ、宝塚音楽学校を卒業して以来、約13年スカートを穿かなかった。といっても、在団中は、公演の中で「イロモノ」担当だったので、あくまで衣裳として、スカートを割と定期的に穿いていた方だったとは思う。まあしかし、板の上ではなく、地上ではスカートを13年間穿かなかった。

そんな私が……スカートを穿く。

卒業公演中、お会いする宝塚ＯＧの方々は、「辞めたらスカート穿けるよ〜♪」と、とても楽しいイベントが待っているかのように皆口を揃えて私に囁いてきた。

だが、私にとってスカートが穿けることはさほど楽しいイベントでもなかった。

在団中は、絶対に穿いてはいけない！というようなお達しはなかったと思うのだが、一男役を研究している身としては「穿きたい！」というメンタリティにならなかった。なので、卒業した瞬間からスカートを穿けるという事実が信じられなくて、向き合う気持ちになれなかったのである。これは……向き合うまでに大分時間を要するだろう……。「よし！穿こう」と思うまでに1、2年はかかるだろう……と、長期戦の覚悟でいた。

しかし、「決戦の日」は意外と早く訪れた。というか……卒業した次の日に訪れた。

きっかけは、自身の卒業公演の千秋楽後、ファンの方々にお礼を伝える為のフェアウェルパーティー。司会を担当して下さった鳳《おおとり》真由《まゆ》さんにお礼のご挨拶をさせて頂いていた時のこと。話の流れで明日の予定をお伺いすると、会場付近のアパレル店で仕事をされるということで、OGライフ初日の予定として、冷やかしに行くことにした。

そして、そこで鳳さんに接客して頂き、

「ね、せっかくだからスカート穿いてみない？　ここのスカートとっても素敵なの！」

と、巧みな接客術にまんまと乗せられ試着することに。

試着した私を見た鳳さんは、

「え！　全然違和感ない！　穿きこなしてるよ！」

と褒めちぎった。更には、

「(周りの店員さんに) 似合ってますよね！　カワイイ〜」

「(周りの店員さん) カワイイです〜。似合ってる〜」

と、私の周りをぐるりと囲み、巧みな話術で神輿を担ぎにくる。

私は、

「騙されるまい!!　買いに来たみんなに言ってるんだ！　私にだけ言ってるんじゃない！」

と、心の中で言い聞かせた……

次の瞬間、丁寧に包装されたスカートを手に持っていた。

さらにその次の瞬間、スカートに着替え、東京宝塚劇場の入り口で写真を撮っていた。

こうして、鮮烈なスカートデビューを果たした私はすっかりスカートの可愛さに夢中になった。

娘役の先輩（＝スカートの先輩）と一緒に買い物に出かけ、おススメされるスカートを片っ端から買い漁った。そしてどこへ行くにもスカートを穿いて出かけた。

ある日……とあるお店でとてつもなく可愛いオーラを放つスカートが目に飛び込んできた。

淡いオレンジとグリーンのチェック柄、同柄のブラウスとセパレートでも、ワンピースとしても着ることのできる、最強アイテム。そんなスカートが「私を買って〜。私を着こなして〜」と呼びかけてくる。

ここまでで目についたスカートを片っ端から買い漁り、「スカート貧乏」になっていた私は耳を塞いだ。聞いちゃダメだ！　ちょっと節約しないと、スカートで破産するぞ！

……次の瞬間、丁寧に包装されたスカートを手に持っていた。

そして次の瞬間、その格好を誰かに披露したいと思った。ちょうど次の日に、宝塚ＯＧの壮一帆《そうかずほ》さん、鳳真由さん、愛加《まなか》あゆさんと約束があったので、私はこのスカートを穿いて会いに行くことに決めた。

翌日、お気に入りのスカートに身を包み、意気揚々と待ち合わせ場所へ。

この格好を見たらなんて言うだろう？「たそにも衣装だね！」なんて言ってくれないかしら？　ウフフ……♡弾む心を抑えながら皆さんの到着を待った。

そこへ……壮さんが現れた。

「壮さん……！」

スカートを翻し、壮さんの元へ。私のスカート姿を見た壮さんは開口一番、

「たそ！　スカート可愛いやないか！」

と、一番欲しかった言葉をかけて下さった‼

わあい！　褒められたうれしい！と喜ぶ私。だが次の瞬間、壮さんは、

「でも、ガニ股やな。スカートでその歩き方はヤバいで。残念やったな！　ワハハ！」

と、一番予想してなかった言葉もかけて下さった。

まるでジャイアンのように笑う壮さん。

私は誓った。

所作を身につけるまで、スカートを穿くのは止そう、と……。

転職したらプロデューサーになった件

皆さんは、タカラジェンヌが卒業した後、どんな職業に就くか御存知だろうか？

劇団では、1年で約30〜40名のタカラジェンヌ達がそれぞれのスキルを用いて次のステップに進むべく卒業している。

テレビ、舞台などのエンターテインメント業を更に極めていく方（トップスターさんや、スターさんが多い）、劇団生活のノウハウを活かし受験スクールの講師になる方、アクセサリーや美容コンテンツのプロデュースをされる方……と、様々な方向へ羽ばたいて

いく元タカラジェンヌ達。そんな「次のステージ」をどこにするかは、意外と突拍子もないいきさつで決まったりする。

前作『こう見えて元タカラジェンヌです』で、宝塚歌劇団を卒業するきっかけとして、大体の方があるタイミングに「鐘が鳴った」と仰るという話を書いた。

しかし、「鐘が鳴った」時にその先の未来まで見通せているわけではない。

「鐘が鳴った」時はあくまで「鐘が鳴った」のであって、この先、あっちの業界へ進んで行こうかしら……とまで考えている方は意外と少ないように思う。

「鐘」は、ただ「私は、この世界でやり切った」という事実を告げる音色であり、天地神堂の巫女（最近、母が『太王四神記』に再度ハマり、ネトフリで毎晩見てる）のように、神のご託宣が鐘となり教えてくれた……みたいなことにはならない。タムドク様だったら教えて頂けたのであろうが、ワイには聞こえんかった。

ただ、私の場合は「出る側」ではなく「創る側」へ行こう、という想いがあった。

そして、そもそもイベントって、どうやって企画されどうやって運営されているのか？その仕組みを知りたいという想いもあった。

想いはあるが具体的な行き場は見つからない……どうしたものかと過ごしていた矢先、とある友人に食事に誘われた。

食事中、その友人が1年前に起業した、という話になった。へぇ〜。どんな業種?と問うたところ、「映像、ゲーム、マンガの企画と制作と宣伝とか、プロデュース事業だよ」という返答が。

「へぇ〜。企画制作とプロデュースですかぁ〜……」

「それって、ワイがしたい仕事のすべてじゃあないですか！！！」

「ここで働かせて下さい!! ここで働きたいんです!!」

と、『千と千尋の神隠し』で、千尋が釜爺に頼み込んだ時のように、働きたい旨を連呼した。

すると友人は、実はスカウトするつもりで食事に誘ったのだと言った。

そうして、私の第二の職場はストンと決まった。

別れ際に友人は、「卒業後しばらくはゆっくりしていいから、働きたくなったら教えて」とお優しい言葉をかけてくれた。

が、私はわかっていた。

卒業後、ゆっくりしたら、この先一生「働きたい」とは思わないことを。

なので、「11月いっぴから働きます！」と高らかに宣言した。

こうしてタカラヅカを卒業した約2週間後、三十路の新社会人は爆誕した。

そして、生まれて初めての名刺を頂いた。

そこには、

「天真みちる」「アシスタントプロデューサー」

と記されていた。私は、求めていた業務にこんなにも早く辿り着くことができたことに驚き、感動した。

「ああ、これがイベントを創る側の肩書なんだぁ」

「アシスタントプロデューサー……☆」

「アシスタントプロデューサー……☆」

「アシスタントプロデューサー……って……何？」

２０１８年11月1日。この日から、「アシスタントプロデューサーとはなんなのか」己に問いかけつつ、サラリーマンとして働く第二の人生が始まったのであった……。

第3場　SNSデビューと恐るべき議事録

たそ、インスタ始めたってよ

前話にて、「宝塚歌劇団を卒業した男役が、一番に挑戦してみたくなるイベント」は「スカートを穿くこと」だとお話しした。では、スカートに次いで「二番目」に挑戦してみたくなるイベントは何だとお思いか。

それは……「ＳＮＳデビュー」だ。

タカラヅカはフェイスブックやインスタグラムに公式アカウントがあるが、現役生徒ひとりひとりの個人アカウントの開設は禁止となっている。

そんな在団当時のコミュニケーションツールと言えば「お手紙」がメインだった。公演の感想や励ましのお言葉など、メッセージはすべてお手紙で頂いており、こちらからも公演中お世話になった方々へのご挨拶、次回公演のご案内など、公演に関するやり取りはすべて手紙で交わしていた。

つまり、ほぼ「文通」でやり取りをする、なんとも奥ゆかしい文化なのである。

ファンの方々は、次回公演がイギリスの話ならロンドンの街並みやロンドンバス柄の絵葉書、庭園がテーマのショーなら花々の散りばめられた便箋など、作品の世界観に合ったものを選んで下さったり、作品に関する資料や情報をご教示下さったりと、細部までこだわり抜いたお手紙を送ってくれる。時折ワープロ印刷の方もいらっしゃるが、ほぼほぼ「直筆」なので、筆跡を通して個性が伝わってくる。

1通送るだけでもかなりの手間暇がかかっているお手紙は、その封筒の中に送り主のすべてが宿っており、何度か文通を重ねるうちに、それぞれの人となりも感じられるようになってくる。

それに加え、コロナ以前のタカラヅカでは、公演前と終演後、稽古前と後に、ファンの方が生徒をお見送り&お出迎えする「入り待ち・出待ち」というリアル対面イベントが日課だった。

自分を特に深く応援して下さっているファンの方は、入団当時から日常的にやり取りをしているので、10年以上かなりの頻度で顔を合わせている間柄である。

そんな、ほぼ「相手の表情が見える」アナログコミュニケーションで育った私は、「相手の表情が見えない（ことの多い）」デジタルコミュニケーションへ移行するのに、最初はかなり抵抗があった。

しかし、うだうだと考えていても、時が流れるだけ……。

私は覚悟を決め、退団してから約1か月後の11月18日、誕生日という記念日も兼ねてインスタグラムを開設することにした。

とはいえ、超絶アナログ人間がデジタルに挑戦するのは困難の連続だった。

友人に手取り足取り教えてもらってなんとかアカウント登録するところまでこぎつけたものの、投稿ボタンを探すの一つ、写真のチョイス一つ、文章の改行の仕方一つ、どれも小一時間は苦戦した。

挙句、文章は伝えようと思っていたメッセージの半分以下のシンプルなものとなり、画像に至っては、これが全世界に拡散されるのか……というこっぱずかしさから、写真ではなく、同期の大澄《おおすみ》れいが描いてくれたイラスト1枚という謎シンプルクオリティで、なんとか投稿した。

初のデジタル移行にすべての神経を持っていかれた私は、投稿したところで満足し、

「気づいてくれる人おったらええなあ……」

ぐらいの気持ちで、アプリをそっ閉じした。

それから5分後……

今まで受信したことのない量の通知で、スマホが点いたり消えたりチカチカしていることに気づいた私は、おもむろにインスタグラムを開いた。するとそこには今まで頂いたことのない桁の「いいね♡」が……。

これは……在団中、トップスターさんが劇場に入られる際に受け取っていたお手紙の量に匹敵する……!! 片手では持ちきれるはずがないので、お手紙専用のカバンに入っている、あの量に匹敵する……！！！

私は初めての投稿の反響に驚き、感動した。

そして、天にも昇る心地でコメント欄を閲覧した。そこには、開設を喜ぶコメントが寄せられ、これまた私を天へと昇らせた。嬉しい気持ちでスクロールしていく。

すると、次の瞬間、目を疑うコメントが飛び込んできた。

「え！　天真さんですか?!　本物ですか?!」

え……私だよ。た、「たそ」だよ！　私だよ！

私は必死にスマホに呼びかけた。だが、悲しいかなその声は、スマホを飛び越えてコメント主には届かない……。

なんとかして「たそ」が「たそ」である、本物である所以を証明しようと考えを巡らせた。しかし、簡単には思いつかない。悩みに悩んだ挙句、私が私たる所以とは何ぞや……？と自分を見失った。「たそ」が、「たそ」である所以とは……森羅万象、万物創造、唯我独尊……。

一度自分を見失ってから数分後……単純に、私にしか撮れなさそうな写真を載せりゃあええんやないか！という考えに行き着いた。

しかし……この投稿に写真はない。私は自分の写真を載せなかったことを深く後悔した。インスタグラムとは、自分が本物であることの証明がこんなにも難しい世界なのか……!!

デジタルコミュニケーション初日、私はガッツリとＳＮＳの洗礼を受けたのであった。

サラリーマンの洗礼

新人サラリーマンになった天真みちる。頂いた肩書である「アシスタントプロデューサー」が、一体何をする仕事なのか全く見当がつかぬまま迎えた11月1日。いよいよサラリーマン初日となった。

会社は基本的に9時始業とのことだったので、自宅から電車に乗った。が、序盤の序盤、私はとんでもない壁にぶち当たった。

それは……「電車通勤」である。

在団時は、宝塚大劇場から徒歩10分くらいのところに住んでいた。それでも当時は、劇場の真隣に家建てたいな！と思うくらい歩きたくなかった。

そんな私の再就職先の会社は、なんと自宅から電車乗り継ぎのみで片道1時間20分、自宅から駅まで徒歩20分なので、2時間前には出発する必要がある。朝9時に着くには、自宅を7時には出発しなければならない。7時に自宅を出発するには、最低でも6時45分（基本的に起きて顔洗って帽子被ったら出社できるタイプの人間なので）には起きないといけない。在団中から、一桁台の時間に起きるのがあんなに嫌いだったのに……。

トータルで毎日4時間という、今まででは考えられない通勤時間の急増に、私は初日からうろたえた。こんな遠距離通勤、私だけなんじゃないか……？と思い、周りを見回してみる。すると、ほぼ同じタイミングで乗ったサラリーマンが、私が降りる時もまだ電車に乗っていたりする。

ああ、長距離通勤の人も割といるんだなあ。ひとまずやってみよう！と自分に言い聞かせ、長距離通勤に挑み、なんとか会社に着いた。

その日のスケジュールはザックリこんな感じであった。

9時30分〜10時30分　会社でミーティング

12時50分〜13時50分　打ち合わせ@白金
14時30分〜15時30分　打ち合わせ@渋谷
16時30分〜17時00分　打ち合わせ@千駄ヶ谷
17時30分〜19時00分　打ち合わせ@秋葉原
19時30分〜20時30分　打ち合わせ@池袋
20時30分〜21時00分　ミーティング後、解散

ここで二つ目の壁にぶち当たる。それは……「中間移動」だ。

私が入社した会社は基本的には自社でミーティングを行わない為、取引先へ伺うことになっていた。なので、打ち合わせには必ず移動を伴う。

在団中は、稽古時も公演時も、劇場という一つの拠点から移動することはなかった。例えば、とある2回公演の日の場合、

9時30分　楽屋入り
9時40分　ウォーミングアップ&お化粧
11時00分　1公演目

14時00分　1公演目終演
14時10分　休憩&化粧直しなど
15時30分　2公演目
18時30分　2公演目終演
19時00分　楽屋を出る（誰よりも遅く楽屋に入り、誰よりも早く楽屋を出るタイプの人間だった……）

このように、公演中は早変わり（衣装チェンジ）などでせわしなく動き回ってはいるが、すべて劇場内で行われていたことであり、空き時間を見つけて楽屋で休憩することもできた。

私はサラリーマン初日、たった1日だけで大きく悟った。移動ほど、エナジーを吸い取られるものはない、と。

それだけでかなりのHPが削り取られているところ、更なる打撃が私を襲う。それは……「自己紹介」だ。

取引先の会議室に入る前に、上司から、名刺の渡し方を教わった。

上司「交換する相手の手よりも下でお渡しして。時々、互いに下に下に渡そうとしてどんどん下に下に下がるから」
天真「……はい（下に下がるとは……なんぞや？）」

直後、会議室に入り、ご挨拶が始まる。上司に紹介され、いざ、名刺を取り出し挨拶をしようとしたが……突然、なんとも言えない引っ込み思案が発動した。ほんの2週間前まで、「花組の天真みちるです」と自己紹介していた私は、「アシスタントプロデューサーの天真みちるです」と言うことに、なぜかわからないが妙な抵抗を感じたのだ。しかしそんなことで時間を取るわけにもいかない。

お相手から頂く名刺の下から、自分の名刺を渡そうとする。しかし、お相手の方も、これはこれは……的な感じでもっと下から渡そうとする。そうして、私達の姿勢はドンドン低くなっていった。

天真「……（これか……！　下に下がるとは……！）」
上司「交換した名刺は、机の上に、座席順か、肩書順に並べて」
天真「はい。（「島耕作シリーズ」で肩書の順番はわかるぞ、……え、ちょっと待て。なんだ、メディアプロデュースグループて。なんだその肩書は。係長より偉いんか？　部長か？　なんや、その肩書は……）」

もたもたしている私をよそに、上司は淡々と名刺を机に置いた。それを見て、慌てて見よう見まねで私も名刺を順番に並べる。ここまでで私のＨＰはすでに残りわずかだった。ウルトラマンだったらカラータイマーがピコンピコン点滅し始めている。残り3分しか持たねぇ！　そんな状態だった。

そんな私を、更なる攻撃が襲う……！

それは……「怒涛のビジネス用語の襲来」だった。まずもってミーティングを「ＭＴＧ」と称することに驚いた。なんやねん、ＭＴＧて。在団中は「お話し合い」言うててんぞ。更には、レジュメ、リスケ、サマリー、エビデンス、スキーム、アサイン、ローンチ、フィックス……なんやねん、呪文か。

それら、呪文が飛び交うＭＴＧにジョインした私の最初の仕事は、「議事録」を取ることだった。つうか、なんやねん、「議事録」て。

恥ずかしながら私は、議事録の存在を全く知らなかった。

上司からは、「ＭＴＧ中の大事な事柄をメモして会議後に展開してくれれば良いから」と言われ、見よう見まねでメモを取っていった。

【以下天真メモ】

取引先の扉側の人「それでは、レジュメに沿って確認していければと思います」
取引先の人は私達へ紙を配り始めた。1枚取り、隣へ渡す。そこには、とある媒体のプロジェクト総予算と詳細が記されていた。
取引先のたぶん偉い人「今回の予算に関してですが、どこか削減できないですかねぇ……」
我が社の上司「先日の会議で現在提示している予算でフィックスだと仰っていたと思いますが……？」
取引先のたぶん偉い人「これはジャストアイデアなのですが、例えば……」
矢継ぎ早に繰り出される議論を、一言一句漏らさずに書き留める為、1秒も無駄にできず、裁判の速記の方のように（あくまでイメージ）怒涛のメモをした。当時まだパソコンのタイピングに慣れていなかった私は、途中からパソコンを諦め、手書きでメモを取っていった。結局、会議中に議事録をデータ化することはできなかったので、家に帰ってからまとめることにした。
ブラインドタッチなど夢のまた夢……。タイピング初心者の私は、手書きのメモを元に人差し指1本打法でパソコンに打ち込んでいった。

何時間時が過ぎただろうか……。

なんとか議事録をデータ化し、上司へ一度確認の為提出した。すると、確認した上司から衝撃の言葉が返ってきた。

「これ……議事録じゃないよ」

頭の中に衝撃が走る――――えッ！　議事録じゃない?!　じゃあ、何だっていうの?!　教えて?!　教えてよ?!

「とりあえず、見本送るわ。それ参考にして作り直して」

上司はその後、とある案件の議事録を例として送ってきた。

それを見た私は衝撃に打ち震えた……。

「！！！！！！！！！！」

全然、全然違うじゃねーか!!

私は上司が送ってきた見本と、私の作成したものを何度も見比べた。そして悟った。

私が初めて丹精込めて作成したもの……それは、「脚本」だったのだ。

アシスタントプロデューサーとしての出勤初日、私はとんでもなくリアルな、とてつもなくリアルな脚本を世に爆誕させたのであった……。

第４場　ギックリ首と卒業後初のタカラヅカ

初めてのギックリ首〜痛みが広がる〜

議事録ではなく脚本を爆誕させた私は、あくる日もあくる日も議事録の修正をしていた。毎日会社に通えばその都度ＭＴＧがある。はやく完成させないと、どんどん議事録の宿題が溜まる……私は焦りに焦りながら修正を重ねた。

しかし何度直せども、私の議事録からは肝心の「会議のレジュメ、フィックスしたこと、次回のＭＴＧ時のアジェンダ」（これでもかとビジネス用語で埋め尽くしてやったわ）がなんだったのか1ミリも伝わってこず、会議前や会議後の、なんの身にもならない会話の応酬のリアルさに磨きがかかっていくだけだった。

これでは会議という名のダル絡みを露呈しただけになってしまう……再度提出するまでに何とかせねば……！　私は上司が送ってくれた見本を手に、前のめりになりながら修正を重ねていった。

そして翌日……なんとか形になった議事録を送った。

上司には「あとはこっちで直して先方に送っとくから！」となんとか受け取ってもらえた（この後、自分の作った議事録の要素が「てにをは」くらいしか残されていない、うまい棒の妹の「うまみちゃん」くらい原形から離れた議事録を目にして、「私はなんの為に生まれてきたのか……？」と自問自答することになったのは、また別の話……）。

「やった……なんとか……やりきっ……」

初めての議事録作成ミッションをなんとか終え、緊張から一気に解き放たれた私は、その場で眠りについた……。


さらに翌日……入社して初めての休業日ということもあり、二度寝、三度寝、六度寝と寝られる限り寝ていた私は、昼過ぎにやっと目を覚ました。

なんと贅沢な時間だっただろう。「久しぶりによく寝た〜！」と、とても良い気分で目が覚めた私は「今何時だろ〜？」と枕もとのスマホを捜す……

が、次の瞬間、今までに感じたことのない、鈍く鋭い痛みが首全体に走った。あまりの痛みに「はぅぁ！」と、声にならない声が漏れた。

そして、それ以降、私は首を動かせなくなった。

正面に向いている状態から1ミリでも左右に振ろうとすると、おっそろしい激痛が走る。ゆとりの部分が全くないイライラ棒のフィールドが、自分の頚椎に生まれてしまったような感覚に包まれた。

「な……なにが起きたのだ……？　私の首に……?!」

私の頚椎に突如現れた得体の知れない恐怖の存在。この症状がいったいなんなのか調べようと枕もとのスマホを捜す……が、次の瞬間、さらに鈍く鋭い痛みが首全体に走った。

あまりの痛みに、もう一度「はぅぁ！」と、声にならない声が漏れた。

「(心の声) うそ！　ほんのちょっと下向いただけでこんなに痛いの?!　なんなの！　ねえ！　何が起きてるの！　怖い！　怖いよ！　お母さ――――――ん！」

涙目になりながら前だけを見つめ、手の感覚でスマホを捜す。

だが、一向に自分の指先にスマホと思しきものは触れない……。

「(心の声) ない！　ない！　スマホがない！　わかんない!!」

焦る気持ちが募り、震える指先でガサガサと必死にスマホを捜す。すると
「ゴトン！」

という、絶望を告げる悲しい音が床から聞こえてきた。長い沈黙の時は終わったのだ。

たそは……思い知る。

――激痛が広がる――

私は静かに目を閉じた。そして……息を止めた。次の瞬間、一気に目を見開き、痛みが追いかけてくる前に一瞬で床に倒れ込み、血眼でスマホを捜す。

しかし俊足を誇る激痛ども。速攻で追いつかれ、信じられない痛みに包まれる。

「ぐあああああ！　痛ええええええええ！！！」

だが……この戦いは絶対に負けられない。

「命を……燃やせええええ‼」

私はアニメ『日常』のみおちゃんのように痛みに耐えながらスマホを捜し、なんとか手にした。

「ビクトリー！！！！」

スマホを手にしばらく勝利の喜びに酔いしれた私は、我に返り、本来の目的であった自身の首に起きた症状を調べるべく、画面を確認した。

すると、ベッド下に落ちた為か、スマホに埃が被っている。私は手のひらで埃を払った。払われた埃は宙を舞い、私の鼻の中へ吸い込まれていった。

鼻の中へ吸い込まれた埃は、粘膜を刺激した。刺激された粘膜は、くしゃみ中枢へ「くしゃみを出せ」と指令を出した。イマココ。

長い沈黙の時は終わったのだ。たそは……思い出す。


――――激痛が広がる――――


器官がくしゃみをしたがっている……。

私のくしゃみは激しい。バンギャのヘドバンばりに、頭が上下に動く位には激しい。この世の終わりが近い……私は再び目を閉じた……そして息を吸った。

「へっっっっっっくしょ――――――――――い!!!!!!　ぐああああああああああああああああああああああああああああああああ!!!!」

サラリーマンたそは立ち上が……れなかった。

卒業後初めての観劇

恐ろしいほどの激痛に苛まれ、休日を寝て過ごすほかなくなった私は、その後しばらくの間、首にコルセットを巻いて過ごすことになった。さながらX JAPANの

ＹＯＳＨＩＫＩ様のようだった。それに関してはなんだか嬉しかった。それ以外は最悪でしかない日々だったが、投薬でなんとか痛みもなくなり、コルセットを外せるようになった頃、気がつけば世間は12月に……。

タカラヅカを卒業して、サラリーマンになって、インスタ開設して、名刺交換して、謎の議事録作ったりして、ギックリ首になったりしているうちに、宝塚歌劇団を卒業してから1か月と2週間が経っていた。

そして私はいよいよ、「卒業してから初めて花組を観劇する日」を迎えたのだった。


記念すべき1作目に観劇したのは、舞浜アンフィシアターで上演された、我らが明日海《あすみ》りおさん主演のスペシャルステージ『Delight Holiday』。夢の国であるディズニーリゾートが広がる舞浜にある会場で、これまた夢の世界であるタカラヅカの公演が行われるなんて……「まさに夢の宝石箱や〜！」と私のテンションは上がりに上がっていた。

その日はＯＧの鳳真由さんも観劇されると聞き、せっかくなので卒業翌日に購入したスカートを穿いて行った。会場へ入ると、ロビーに出演者のパネルがずらりと並んでいた。

1か月前まで一緒に歌って踊って芝居していた組子の方々のはずだが、卒業した身でパネルを目の前にすると、キラッキラでスタイルの良すぎるビジュアルのハイレベルさにいてもたってもいられず、気づけばスマホで連写しまくっていた。

そして思った。

「私、よくあんなキラッキラな世界で普通に過ごしていられたな……」

と。最初こそ、タカラジェンヌのキラッキラさにムスカのように目をやられていたはずなのに、15年経てばその中で普通に生活できるようになるんだなあ。慣れってすごいなあ！と妙なところに感心しつつ、私は座席に着いた。

開演5分前にオルゴールの『すみれの花咲く頃』がかかる。やさしい音色に耳を傾けながら、「そういえば、在団中これ聞きながら開演準備したなぁ……すみれが鳴り終わったら残り3分とかいう噂があって、まだ時間あると思ってのほほんと準備してたら出番遅れそうになったよなぁ……誰だよ、噂流したの……」などと物思いにふけっていた。

そしてふと、かつて退団された上級生の方が観劇に来られた際に仰っていた言葉を思い出した。それは、

「辞めてから初めて宝塚を観たら、戻りたいと思って胸がギュッてなっちゃった」

ということだった。

もちろん人それぞれだろうとは思いつつ、「自分はどう感じるんだろう……？」という

ことが、突然気になり始めてしまった。そんな問いに気を取られていると、いつのまにやら時は過ぎ、「ブ――」という開演ベルの音で我に返った。

いよいよ幕が上がる。


……結論から言うと、戻りたいとは全く思わなかった。

というより、降り注ぐ美の花嵐に、ただただ終始アワアワしていた。目の前に現れた、ズラリと並ぶギッラギラの男役達。ひとりひとりがスター候補生としてはちゃめちゃに輝いている。その真ん中に君臨する、トップofトップである、光り輝く明日海りおさん。キラキラが止まらない娘役さん達。そんな娘役さんの視線の先にいるバチバチにカッコいい男役さん達。

ぎゃあ、なんでこんなにカッコいいの?! 脚長すぎ！（特に鳳月杏《ほうづきあん》さん）歌上手い！ダンスキレありすぎ！ スーツ最高！ 好き！ タコ足ダルマ（レオタードに「タコ足」と呼ばれるフリンジなど装飾のついたお衣装）素敵！ アラジンみたいなお衣装素敵！ カワイイ！カッコいい！ ヤバイヤバイヤバイヤバイヤバイ!! 生きてて良かった！！！ お母さん！！！！！

気がつくと私は拝んでいた。あまりの尊さに。

ヒトは、あまりにもなにかをカッコいいと思うと、ありがたさに拝むものなのだということがわかった。そして思った。「タカラヅカは、出るものではなく、観るものだ」と。

ここから先、全組、全公演を観に行く……その為に働こう。

強い意志を胸に、私は会場を後にしたのだった……。

第5場　新人サラリーマンのブルース〜新たな肩書を求めて〜

「歌って踊れるサラリーマン」爆誕？

「全組、全公演を観に行く……その為に働こう」と心に決め、気持ちを新たに職場へ向かったサラリーマン天真みちる。

だが、予想の範囲を超えた怒涛の業務が押し寄せてきたのだった……。

当時の肩書であるアシスタントプロデューサー業は、担当するコンテンツのグランドスケジュールの草案を出したり（製作にあたり、エクセルとの最悪な出会いから始まる奮闘日記があるのだが、それについてはまた別の機会にお話しするとしよう）、議事録作成、出演者さんの稽古日程の管理、稽古場の手配、体調管理、本番の衣装管理、各事務所の方のＬＩＶＥ招待手配、楽屋準備……等々、今までの劇団員という立場とは真逆の位置にある、「サポート力」を求められるものが多かった。

現場では、タカラヅカの下級生時代に上級生の方のサポートに入ったり、新人公演（入団7年目までの生徒で演じる若手育成の為の公演）の本役さんについてまわったりと、経験のあるものが多かったので、衣装管理や体調管理などについては自ら考え行動できたのだが、それ以外はほぼ未知の領域。

兎にも角にも、資料作成&データまとめに時間がかかってしまう。ギリギリに提出した議事録を持ち会議に出席するも、打ち合わせの最初に上司が言った「ブレストしていきましょう」という言葉の、「ブレスト」の意味が分からず、「ブレストってなんぞや？」と冒頭それればっかりに気を取られて肝心のアイデア出しには遅れを取ってしまうなど。

何をするにも誰かのサポートなしにはどちらに進めば良いかもわからない。演者さんをサポートする私のサポートをする上司……早く、早く仕事を覚えたいぜ……とパソコンとにらめっこする。

そうして、新人サラリーマン生活も3か月程たったある日……社長の意向で社員の名刺を刷新することになった。

その際に、名刺に記載する肩書を変えることができるという話になった。上司から、

「そういえば確認していなかったが、あなたはアシスタントプロデューサー一本でやっていくのか？」

と、質問を投げかけられた。

というのも、サラリーマンとして過ごす中、インスタグラムのＤＭ（この存在を知るまでに1か月かかったのだが、この件についても追い追いお話しするとしよう）に、ありがたいことに「タレント」として仕事のオファーが送られて来るようになっていたのである。そんなことがあっての上司からの問いかけに、

「私は……アシスタントプロデューサー一本でやっていく……のか……？」

と、質問に質問で返すという最悪の返答をしてしまった。しかもタメ口で。最悪of最悪。たしかに、自分の職種について不明確な部分が沢山ある気はしていた。「私は今後具体的にどう生きていけばいいのだろうか」と、その日から人生の方針について細かく考えるようになった。

会社からは、今現在の業務に支障をきたさなければ、タレント業も業務と両立して良いと言われた。だが……二毛作的な、二足の草鞋的な、そんな器用なことが果たして自分にできるだろうか……？　敏腕プロデューサーになる為に、まずもってアシスタントプロデューサーとしての資質が不十分過ぎるので、まずは、今の業務をしっかりとこなすことに集中した方が良いのではないか。

え、ちょっと待て、私って敏腕プロデューサーになりたかったんだっけ……？

え、ちょっと待て、私って何になるんだっけ……？

私は本来めざしていた方向すら見失い、途方に暮れた。


そんなある日のこと、同期の煌月爽矢《あきづきさや》＝現・中原由貴《なかはらゆうき》から、パーソナリティを務めるラジオのゲストとして出演しないか？という、退団後初の「出演系」イベントのお誘いを頂いた。久しぶりの再会と、宝塚歌劇団を卒業しても再び同期と仕事ができるという、エモいオファーを二つ返事で引き受け、会場であるたまプラーザへ颯爽と向かう途中……

ふと、そう言えば今日は、在団時に使っていた
「見たくなくても、アナタの瞳にダイビング！　花組の視線ドロボウ天真みちるです！」

という、長年愛用してきた自己紹介がもう使えないことに気がついた。

もう私は、花組の視線ドロボウじゃない……。

では、なんと自己紹介すれば良いだろうか……？

サラリーマンたそ太郎、サラリーマン天真みちる……これはただのパクリだなあ……遅れてきた新人サラリーマン、大いなる新人サラリーマン……笑えない冗談と捉えられたらおしまいだ……。あーでもない、こーでもないと、田園都市線の電車に揺られながら考えを巡らすこと小一時間……突然アイデアが頭に降ってきた。

ちょっと待てよ、「歌って踊れるサラリーマン」って……面白いのでは……？　「花組の視線ドロボウ」に匹敵する肩書はこれしかない！

こうして、天啓を受けたかのような気持ちになった私は、翌日このままの勢いで上司に「名刺に載せる肩書ですが……『歌って踊れるサラリーマン』でお願いします」

と告げた。上司は即座に

「言いたいことはわかる気がするけど……それは名刺に載せていい肩書じゃないと思うよ」

と、至極真っ当なコメントをされた。確かに……。

「初めまして。私、歌って踊れるサラリーマンをしております、天真みちるです」

と、自己紹介されたら、相手はどう思うだろう……。これがイベント会場や現場なら、まだ1パーセントくらいの人が「出役の人かな？」と思ってスルーするかもしれないが、予算会議や企画会議の際に出されたら

「……こいつに予算のこと任せて大丈夫か……？」

「議事録が脚本みたいになって送られてくるんじゃ……？（※実際に送られてくる）」

信頼関係はなかなか結ばれないであろう……。あーん！　また振り出しにもどってし

まった……。

そんな時、上司から
「会社としても、天真さんがどんな業務が向いているか考えているところだけど、そもそも、あなたはアシスタントプロデューサーではなく、企画やクリエイティブの方が向いていると思う」

と、別職種を推された。

そうか、私はプロデューサー業は向いていないのか……。さようならアシスタントプロデューサー……こんにちはクリエイティブ……そういえばタカラヅカクリエイティブアーツって会社名だったなあ。ちょっとお揃いか……。

在団中は「技芸員」という一本の肩書のみで生きていた。

だが、卒業し「元タカラジェンヌ」となった今、ここで働こうと決めた職場でどんな職種が向いていてどんな人生を歩んだらよいのか……。可能性と言えば聞こえは良いが、無限にある選択肢から自分に向いている職種に巡り会える日は来るのだろうか……？　つーか無限すぎんか？

もう、わからんよ、もう……しらんよ……　私の脳は限界を迎えた。

私はもう何も考えず

「承知しました。そうします」

と答えた。そして自暴自棄になった私は上司に
「余興芸人も足して良いですか？」

と、半ば冗談のように提案した。

どうせ、歌って踊れるサラリーマンみたくやんわりと却下されるだろう……と思っていた次の瞬間、

「それは面白いんじゃない？」

まさかの反応だった。

「え……冗談なんですが……？」と返す暇もなく、私の新しい名刺には
「企画・クリエイティブ・余興芸人」

という、スロットで何もかも合わなかった一番カオスな組み合わせの肩書が並ぶこととなった。

「自己紹介……どうしよ」

そして新たな肩書の為に、新人サラリーマン天真みちるの道は更に困難を極めていくのであった……。

第６場　プレイヤー天真へのお仕事

アー写って、なに？

ひょんなことから「企画・クリエイティブ・余興芸人」という肩書へと進化（？）した、サラリーマン天真みちる。名刺交換のたびに、半笑いで
「え……余興芸人って何ですか？」

と聞かれ、

「え、いや、あの……」

と歯切れ悪く説明する羽目になり、お時間を取らせてしまう。

しかも、「御社の忘年会の際には是非お呼び下さい！」などといった気の利いた営業セリフも言えず、ただただ困惑させて終わる。余興芸人になってから、一度も余興芸人として機能することはなく過ごす日々……。

このままではいけない……と思っていたある日、上司から、「プレイヤーとの二足の草

鞋を履いていくのなら、アー写が必要かもしれないね」というようなことを言われた。

「アー写って……なんですか？」

私は、曇りなき眼で上司を見つめ問いかけた。上司は丁寧に教えてくれた……なんで知らんねん！とは言わずに。

アー写の説明を聞き、なぜそんなことにも気づけなかったのか、と己を恥じた。宝塚歌劇団時代だって『宝塚おとめ』（タカラヅカのタレント名鑑）で、毎年写真を撮っていたではないか……。

もう。ほんとに。自分の無知さと無防備さに腹が立ってくる。「歌って踊れるサラリーマン」になりたい！と、でっかいビジョンを描くのは良いが、その為の宣伝対策や戦略が全く練れていない。

会社もプロダクションではないので、プレイヤーとして進むことを許可はしてくれても、「どう進むか」を一緒に考えていってくれるわけではない。もっとしっかりと戦略を練らねば……。そう思いつつ、急いでアー写撮影をすることに決めた。

だが……。

「アー写って……どこで撮れば良いんだ？」

私は「アー写　撮影」でググった。

1秒後には沢山のスタジオのプランが並び、一体どれを選べば良いんや……状態に。

プランを流し見しながら、きっと人見知りな自分は、初めて会うカメラマンさんに緊張してニコリともせず睨みつけるようなショットしか撮れないだろうな……と後ろ向きになってしまい、パソコンをそっ閉じした。

一体どうすれば、仕事を依頼したくなるような、自分らしさが伝わってくるアー写を撮影することができるだろう……私のことをよく知っていて、世界観を創り出すことのできる凄腕のカメラマンの方……誰か……誰かおらんか……。

小一時間程考えて、ふと、四方《しかた》花林《かりん》ちゃんの存在を思い出した。

四方花林ちゃんは、元宝塚歌劇団94期の後輩で、在団時は星組に在籍する娘役さんだった。当時の芸名は「ひなたの花梨《かりん》」。

宝塚歌劇団では、同期、1期上の上級生の方、1期下の下級生とは音楽学校時代にかなり濃い目の交流があれど、劇団に入ってしまうと、同じ組に配属されていない限りなかなか接点がない。

そんな中、花林ちゃんの存在を知ることになったのは、毎公演お世話になっていた床山さん（劇団内で髭・カツラを取り扱う部署）の壁に貼られていた1枚の写真だった。そこには、公演中に男役をすることになった花林ちゃんの、自分を捨てきった、なんとも愛らしい男役姿があった。それを見て、「星組に面白い人いるな……」と認識したのが最初だ。

それ以降、星組公演のたびに花林ちゃんを見るのを楽しみにしていたのだが、気になり始めてから1年後、彼女が卒業するという知らせが耳に入った。そのことがすごく寂しかった私は、あいさつ廻りをしていた花林ちゃんに声をかけた。下級生とはいえ、そう簡単に人に話しかけられない自分にとっては珍しい出来事だった。

辞めたらどうするの？という話になった時、

「フォトグラファーになるんです」

と彼女は言った。

人間としてこんなにも魅力的な花林ちゃんには、どんな風に世界が見えているんだろう……？　そのことが気になった私は、それ以降機会があれば花林ちゃんに撮影をお願いし、時には梅田の高架下、時には神戸元町の中華街で、唯一無二の暑中お見舞いや年賀状の写真をたくさん撮影してもらっていたのだ。

「私のアー写を撮れるのは、花林ちゃん以外にいない！」

私はさっそく花林ちゃんにアポを取った。

が、連絡した直後にとある懸念が生まれた。花林ちゃんは、数年前に拠点を日本からベルリンに移している……。

最高のアー写を撮ってくれるのは花林ちゃんしかいないが、その為に会社を休んでベルリンに行けるのか……？　つうか入社してソッコーで有休取っていいのか？　どうすれば良いんだ？　不安な気持ちがグルグルと渦を巻く。

そんな中、花林ちゃんから返信がきた。恐る恐るメッセージを確認すると、「ちょうど、今度日本に帰国するんです！」という文字が……！

おお！　神よ……！！！

そんなわけで、奇跡的にタイミングが重なり、めでたく花林ちゃんに撮影してもらえることになった。


撮影当日……

兎にも角にも賑やかに撮影したい！と思っていた私は、パーティーの飾り付け用のグッズを買いこみ、貸しスタジオに貼り付けていった。そして、カラフルな折り紙を紙吹雪のように切り刻み、真っ白なスタジオの床にばらまいた。更に、誕生日などの際に使う、親玉のようなバズーカ仕様のクラッカーを発射しまくった。自身は、背中にドカンと「祭」と書かれた法被《はっぴ》を着て撮影に臨んだ。

こんな、めでたさと陽気さとやかましさのカオスに満ちた空間の中でも、花林ちゃんはドン引きすることなく、上品に、個性あふれるカラフルな写真を撮っていく。開始から約2時間……床に寝そべってみたり正座したり体育座りしたり、様々な角度から楽しいカットを撮ってもらい、撮影は無事終わった。

それから数週間後……できあがった写真を受け取ると、そこには、これこそが私だと言い切れる、唯一無二の自分の姿があった。

「やはり花林ちゃんは天才だ……」

私は、やっと、プレイヤーとしての自分を売り込む強い武器を手に入れたのであった……。

初めての依頼

そんなこんなで、無事にアー写も撮り、余興芸人としての窓口をオープンした気になっていた天真みちる。

だが、実際には窓口は1ミリもオープンしていなかった。

そもそも、当時は私個人のホームページなどはなく、会社のサイトでは私についてはほぼ触れられておらず、私に関する問い合わせを送るには、インスタグラムのＤＭしかないという状況だった。

ここで、前話を思い出してほしいのだが、私はインスタグラムのＤＭというものの存在を知らなかった。インスタグラムは写真を投稿する媒体だとばかり思っており、文章を送る為のツールが備わっているなど露ほども思っていなかった。

そんなこんなでインスタグラムを開設してから1か月程経ったある日のこと……。

会社の上司が、

「知り合いの会社の人が、たそに仕事の依頼をダイレクトメールで送ったんだけど、返事来ないから送れてるのか不安だって言ってたよ」

と言ってきた。

私は耳を疑った。ダイレクトメールってなに?! つーか、インスタで、その、ダイレクトメール？が送れるの?! 初耳なんですけど……！！！

私はその場でスマホを出し、インスタグラムを確認した。そしてコメント欄を執拗に読み返した。だが、仕事の依頼は一つもない。「コメント欄には何も書かれてないです」と答える私。

「コメント欄じゃないよ。ダイレクトメールだよ」

だから、ダイレクトメールってなに⁉　どこ？　どこから見れるの⁉　パニクった私は、「どうやって見るんですか⁉」と、上司に文字通りスマホを丸投げした。

上司は手早く、今にも飛び出しそうな紙飛行機のマークを押した。するとそこに、恐ろしいほどのメッセージが届いていた。

「な、なんじゃこりゃあああ」

応援メッセージや誕生祝いのメッセージなど、素敵な書き出しが目に飛び込んでくるが、今しっかり読むと泣くだろう、と、心を鬼にしてずらーっと流し見ていく。

ほどなくして、仕事の依頼のメッセージを発見した。内容は、アニメの『劇場版はいからさんが通る』のブルーレイ・オーディオコメンタリーの出演依頼だった。

生まれて初めての、全く存じ上げない方からの自分自身だけに宛てた仕事の依頼。しかも、かつてタカラヅカで牛五郎として出演していた『はいからさんが通る』に関するお仕事。身に余る光栄で、心が震えた。がしかし、ダイレクトメールが届いたのはほぼ1か月前……。普通だったら返事がなさ過ぎて「受ける気ないんかな……？」と別の方にオファーが行ってるはず……。

プレイヤーとしての仕事をやりたい！という気持ちはありながら準備はせず、といういつもの癖で、最悪な事態を招いてしまった。そもそも、仕事依頼ＤＭへの道が、ナビゲーターと合言葉がなければ辿り着けない『ＨＵＮＴＥＲ×ＨＵＮＴＥＲ』の試験会場ばりに未知の世界だった。

「ごめんなさい！　やります！　やりたいです！　間に合え……間に合えー！」

ありったけの思いを込め、ダイレクトメールに返信した。

翌日……ソワソワしながら待っていると、

「それでは是非やりましょう！」

という奇跡の返事が！　会社からも案件の許可をもらい、なんとか頂いたオファーに応えることができた。


そして当日、主人公の花村紅緒役の声を担当された早見沙織さん、明治、大正、昭和の時代背景に詳しい弥生美術館学芸員の外舘惠子さん、作者の大和和紀先生担当編集の北原惠さんという、素晴らしい方々と共にオーディオコメンタリーを録ることに。

人見知りがマックス絶好調になった私は、何をお話ししたら良いのか……オーディオコメンタリーってことは声の出演だから、ダンマリを決め込んだら終わる……終わってまう……でも、どうすれば……と、パニック寸前だった。

が、始まってみると、『はいからさんが通る』という、素晴らしい作品を共通点に、アフレコの模様や、時代背景や、大和先生の意図など、沢山のエピソードを知ることができてテンションマックスになり、こちらもタカラヅカでの稽古場の様子についてお話しするなど、話題には事欠かなかった。

　タカラヅカの舞台版で主役の少尉を演じた柚香光《ゆずかれい》ちゃんと、アニメ劇場版で主役の少尉を演じられた宮野真守さんの作品への入り込み方や熱量にかなり共通点があることや、青江冬星を演じたちなつ（鳳月杏）と櫻井さんは普段からスマートでカッコいいことなど……物語が進むにつれ、意気投合していく。なんなら終盤、冬星の「来たな、花嫁」というセリフが度肝を抜くほどカッコいいから、これは耳を澄ませてみんなで聴きましょうね……！と話していたのに、盛り上がりすぎて聴き逃す……というまさかの事態になるくらい、話に花が咲いた。満開だった。そんなこんなであっという間に作品は終わり、無事にオーディオコメンタリーを録り終えた。

　そして、終わってから、とんでもない事態が発覚した。

　オーディオコメンタリーでご一緒させて頂いた早見さんは、タカラヅカにかなりのご興味をお持ちで、外舘さん、北原さん、そしてお仕事のオファーを送って下さったワーナーの方、同席していた講談社の方に至っては、皆さん、筋金入りのタカラヅカファンでいらっしゃるとのことだった。

退団してから、仕事を介してタカラヅカをお好きな方にお会いできるとは……。

「サラリーマン」という道を選んだ自分には到底起きないだろうと思っていたのに、こんなにも早くタカラヅカを愛して下さっている方々に巡り会えた。もう辞めているのにもかかわらず、嬉しい気持ちと、謎のドヤ感に包まれた。

「ああ、こうやって『タカラヅカ』という共通の愛するものがある方々と、一生仕事ができたらいいいな……」

そんなことを思いながら、ルンルンで帰路についたのだった。

この出会いから約1年後、お世話になった編集さんと『レビュダン！』という漫画で再度ご一緒することになるのだが、それはまた別の機会に……。

第7場　初めての脚本・演出依頼

脚本・演出の打診

話は2018年11月1日、忘れもしないサラリーマン就業初日に遡る……。

右も左もわからないまま、上司と共に様々な取引先へ挨拶回りに勤しみ、初の名刺交換にてんやわんやし、会議にほんやくコンニャクが欲しい……！と思いながら必死に議事録という名の脚本を書いていた中でのこと……初めて会議内容がスッと頭に入ってきた、1件の打ち合わせがあった。とあるプロジェクトで新人声優さんの朗読劇を上演するので、その脚本・演出を弊社に依頼するという話だった。

朗読劇という上演形態は、自分では演じたことがなかったが、脚本、演出など、聞きなじみのある単語が飛び交い、「読める……読めるぞ！」と、ムスカが石板を読む時のように、「わかる……わかるぞ！」と、生き生きと議事っていた。

そして、「我が社はプロデュースだけでなく、脚本・演出なども業務として担当してい

るんだなあ……」と、自社の業務内容について今さらながら理解を深めていた次の瞬間、上司が

「脚本・演出は、弊社の天真が担当します」

と言った。

え……ワイ？　ワイがやるの……？　突然の打診に、一瞬脳がバグった。

宝塚歌劇団を卒業すると決めた理由の一つに、「作品を一から創れる人間になりたい」という夢があった。出演する側から、創る側に。どんなに長い道のりになろうとも進んでいこう！と思い踏み出した一歩目……である就業初日に、その試練は訪れたのだ。「思い立ったらまずは行動！」とは言うが、ここまで速攻で実践することがあるんだ……。

私の脳がバグり、物思いにふけっている間、上司は私が2週間前まで劇団の生徒であったこと、作品制作の道に進む為に退団したこと、これが初業務であることなどを伝え、取引先の方にも承諾して頂いた。

会社側は、自分を即戦力として扱い、大きなチャンスを授けて下さった。取引先の方々もチャレンジだということを理解し、受け止めて下さっている。あとは、私の覚悟次第……ということになった。

瞬間、父親に呼ばれネルフに行ったら、初号機を前に「お前が乗るんだ」と言われた碇

シンジ君（『新世紀エヴァンゲリオン』）の姿が脳裏に浮かんだ。シンジ君のように、全世界の民の命を背負う程のスケールではないが、私の背中に新人声優さん5名の未来は託されることになる。彼の気持ちが今なら痛いほどわかる……。

書けるのか。演出できるのか。やってみないとわからない部分もある。あまりにも未知な部分もある。不安も……ある。

だが、ここでこの試練に向き合わなければ、この先も一生向き合わない気がした。

「やります。僕が乗ります」

シンジ君がゲンドウに答えたように、

「やります。よろしくお願いします」

と、覚悟を決めて案件をお受けした。

初めての脚本執筆

案件を引き受けた後、次の打ち合わせまでにどのような内容の脚本にするか、コンセプトとあらすじを書いてくることになった。

朗読の他に歌唱パートがいくつかあり、休憩なしでトータル60分の作品。新人声優さんの夢を追う姿を伝えられるように……というのが、先方様からの要望であった。

新人声優さんが直面しそうな状況を考え、そこで繰り広げられそうな起承転結を挙げていく。なんとか5つほどアイデアを挙げ、上司に提出し赤を入れてもらい、直し、提出し……。ブラッシュアップした5つのシチュエーションを先方へ提案させて頂いた。

その中から選ばれた1つのシチュエーション。今度はそのプロットを書いていく段階へ。ここで、ぷろっと……?とプチパニックの私に、上司が、

「プロットは、ザックリあらすじよりは細かく、4000〜5000字程度に物語を膨らませる必要がある」

と教えてくれた。

よ、よんせん……!

そんな大層な文字数、書ききれるのか……!? 戦々恐々とした。

だが、恐れおののいている時間はない。私はひたすらパソコンに向かった。

新人声優さん達の物語の起承転結を考えていく。小一時間何も思いつかずパソコンをただ見つめることもあれば、打ち込んでは消し、打ち込んでは消しを繰り返すこともある。思いつかなすぎて「喫茶ルノアール」で叫びそうになった時もある。

だが、(こんなことを言ってはダメだと思うのだが)正直、議事録を書くことよりめちゃくちゃ楽しかった……。私は、目の前の事実を書き留めることより、物語を思い浮か

べ書いていくことが好きなんだとハッキリわかった瞬間であった。

なんとか、プロットを書き上げた。きっかり4000字。先方へ提出し、いよいよ脚本段階へ……。初めての脚本ということで、執筆期間に1か月頂けることとなった。

その日の帰り道……

「1時間作品って、一体何文字書けば良いのだろうか？　皆目見当もつかない……」と思った矢先に、ふと2000年花組公演『フォーエバー・ガーシュイン』のお稽古時、脚本・演出を担当された野口幸作《のぐちこうさく》先生との会話を思い出した。

『フォーエバー・ガーシュイン』は、演出助手時代からお世話になっていた野口先生のデビュー作品である。ありがたい巡り合わせで出演が決まり、稽古にいそしんでいた時のこと。本読みを経て、立ち稽古の段階になり、ひとまず最後まで演出が付き終わり、初めてザックリと通し稽古をしたところ、上演時間ほぼピッタリに収まったのである。

一見、当たり前に思われるかもしれないが、上演時間ピッタリに収めるのはかなり難しく、ベテランの先生でも初めて通してみたら上演時間を10分オーバーした……なんてことはザラである（あんまり言っちゃいけないと思うけど……）。

そんな中、デビュー作品の上演時間をほぼピッタリに収めた野口先生に感動し、稽古後

に先生を捕まえて「どうやって書いたんですか？」と質問した。すると、先生は、

「演出助手時代に、演出家の先生の脚本の文字数を数えたら大体3万3000字くらいだったから、それを元に時間を計算したんだよ☆」

と仰った。宝塚大劇場作品はおよそ90分。それが3万3000字。今回の作品は60分。だから……

90:33,000=60:x

小学6年生以来の比例式を用いて計算した。すると……

x=22,000

に、にまんにせん……!!!!!!


突如目の前に2万2000字の壁が立ちはだかった。

「4000字のプロットでヒイヒイ言っていたのに……!!」

その壁のあまりの高さにこの時はまだ、立ちすくむことしかできなかった……。

第８場　与えられた試練～30日後に泣くたそ～

30日後に泣くたそ

突如目の前に立ちはだかった2万２０００字の壁。とてつもなく高い壁に途方に暮れた……が!!　残された時間は、あと1か月。

しかも、他の案件も抱えている。この業務だけに専念できるわけでもない……。途方に暮れまくる余裕などなく、早急に、文字数の問題を解決する必要があった。

プロットに記載した「起承転結」に基づいて、各パート15分ずつの展開にすると仮定し、１パートの文字数は５５００字。おお！　これなら、プロットに１５００字足すだけ……!!

１５００字足す「だけ」……!!

それができたら苦労しねーよ！！！！

またしても喫茶ルノアールで発狂しそうになってしまうが、なんとか感情を押し殺し、最初の壁である、起承転結の「起」５５００字に取り掛かる。

その日から、〆切へのカウントダウンが始まった。

1日目

プロローグを考える。

「リーダーっぽい子が教室に入って来る。椅子を並べていく」

……ここまでで何文字……え⁉　26字⁉　嘘やん……。

〈泣くまであと29日〉

2日目

昨日の続き。

「本を読む一同」

……ここまでで……に、にひゃく……というか、物語の始まり方はあんな感じで良かったのだろうか。

〈泣くまであと28日〉

5日目

昨日の続き。

やっぱり一度書き直すか……？

はじめはやっぱり全員で出てきて、椅子を並べて座って……200字打っては消し、200字打っては消す……やばい、後で考え直すとして、とりあえず書こう……！

〈泣くまであと25日〉

15日目

なんとか起承転結の「起」が書き終わった。

文字数は……4000ちょい……うそだろ……1500字足りない。仕方ない。起承転結の「承」で取り戻そう。

……でも待って。15日間で4000字。なら、2万2000字書ききるには何日かかってしまうん？　このままじゃ……間に合わないの……か……？

ドクン！と心拍数が上がる。小劇場に出られなかった時のような、突き刺すような痛みが身体を駆け巡った。私はゾッとした。ただただ、依頼主とキャストの方の顔が浮かぶ。合わせる顔などないのに。不安で眩暈がしてきた。

「作業の時間を増やさなければ……！」

通勤時の電車の中、昼休憩時、休日……時間を見つけてはひたすら書き続ける。時にナポレオンになろうとも、エジソンになろうとも。読み返す暇もなく、ただただプロットの詳細を膨らましていく。

〈泣くまであと15日〉

24日目

あと1週間！　なのに書けてない！　急げ急げ急げ！！！

〈泣くまであと6日〉

29日目

あああああああああああああああああといちにちぃいいいいいいいいいいいいいいいいいあああああああああああ!!

〈泣くまであと1日〉

うわーん

30日目
30日後に泣いたたそ

〆切当日。

脚本の文字数は1万5000字。全然足りない。でも、時間切れ。一応、なんとか「結」まで書ききり、先方へ提出した。

身も心もボロボロ。なのに「やり切った」という思いも、正直ない。「これで良いのか？」という気持ちが纏わりついて、正解の道を歩んでこなかった気がした。

不安な気持ちを抱えながら、先方からの返答を待った。先方が文字数と分数の目安を知っているかはわからないが、数々の作品を手掛けていたらなんとなく肌感覚でわかるのではないだろうか。

そして「これでは1時間には程遠い！」と、電話がかかってくるのではないか。

そして「御宅の社員はどーゆー教育してるんだ！」とお怒りになるのではないか。

そしてそしてそして……

逃げよう。すべての方に多大なる迷惑をかけてしまう前に。……いや、その方がもっと迷惑をかけるのでは！

逃げ出したい気持ちを押し殺し、ひたすら待った。そして返信が来た。

先方からは、起承転結の詳細に関しては問題なく、今後演出を付けたり、歌唱部分の分数で、トータルどれくらいの時間を要することになるのかを知りたい、という返事を頂いた。

……先方様のメールの文章からは、「怒り」を感じることはなかった。そのことに、少しだけほっとしてしまった自分がいた。その旨を上司に話すと、上司は「怒られる訳ないじゃん！」と、若干驚いていた。それを聞き、拍子抜けした私に、上司はこう続けた。

「怒られはしないけど、二度と依頼されなくなることはある」

それを聞いてゾッとした。

劇団にいた頃は、何か自分が迷惑をかけてしまった場合には、ご指導ご鞭撻を受けて次のチャンスが与えられた。「舞台を辞める」という選択肢を自分で選ばない限り、永遠に舞台に立ち続けることになる。なので、なにかやらかしてしまったとしても、反省して次の公演に臨むしかなかった。でも、今は、そうではない。

宝塚歌劇団での生活について、「厳しい」と言われることがよくあるが、私にとっては今の方がよっぽど厳しい現実を見せられている気がした。

そして、今は首の皮一枚で繋がっている状態なのだ。何とかせねば……。

私はとりあえず、「ひとまず朗読した時間を計って、その後足りない部分を書き足します」ということで相談させてもらった。すると、先方から「若手の勉強にもなるから」ということで、実際に出演者に読んでもらえることになった。こんな状態の本(脚本)を……。そんなこんなで書き上げた直後に、本読みが開催されることになったのであった。

ド緊張の本読み稽古

本読み当日。何度も来た道を戻ろうとする足を引きずって現地へと向かう。今までに感じたことのない、足元から力を奪われていくような緊張が身体を支配している。

こういう時、私は緊張のどん底へ向かっていく傾向がある。なぜ、こんな感覚に包まれるのだろうかと、緊張の出所を探ってみた。そして、一つの結論に辿り着いた。

「死ぬ気で頑張ったと、胸を張って思えない」からだ。

宝塚音楽学校の試験前には思わなかった。自分なりに精一杯やれるだけのことはやった、という確信があった。今回はどうだろうか。どうやって書いたら良いのか。そんな不安に包まれて憂鬱になっている間に、もっとたくさんいろんな脚本を読み込む時間があったのではないか。上司や、劇団の先生に相談する時間があったのではないか。

誰かに指摘される前に、まず自分自身が「自分の決定的な穴」をわかっている。そんな状態で現場に向かうから、逃げたくてたまらないのだ。私は、自分の最悪加減に心底がっかりした。

でも、だからといって、帰るわけにはいかない。この現実をしっかりと受け止めなければ、先へは進めない。なにより、こんな気持ちで本読みに参加しては演者の方にも失礼だ。覚悟を決め、スタジオへと入った。出演者の皆さんは、印刷された脚本を手に1列に並んで待っていた。

脚本はすでにボロボロだった。自分のセリフにアンダーラインを引き、イントネーションについてなど気づきが書きこまれている。何度も何度も読み直し、読み込んで下さっているのだろう。何日か前にできたばかりにもかかわらず。

……胸が痛んだ。

得体のしれない痛みを抱えたまま、本読みが始まった。出演者の皆さんは、滑らかにセリフを話していく。私の書いた文字が、出演者の声に乗って立体的になっていく。それを聞いた瞬間、初めて目の前にイメージが見えた。

本来ならそれを思い浮かべて書かなければならなかったはずの、目の前で起きている出来事が、やっと見えたのである。

そして、自分に足りないものの一つがハッキリとわかった。私の本には「この時、この人はどう思った？」という部分が、ほぼ描かれていなかった。

何故……？　出演者の声を聞きながら必死に考える……。

そして、一番大切なことに気がついた。私が演じてきた「舞台」というフィールドは、「どう思ったのか」という心理描写は、「表情」や、「仕草」でも描くことができる。

だが、これは「朗読劇」の脚本だ。どう思ったのか。心理描写は「セリフ」で描かなければ伝えることは難しい。

「どう思ったのか。それを描かなければ」

出演者の方が読み上げて下さったおかげで、自分がしなければならないことがよくわかった。ほかにも、最初に出演者が入ってくる描写などを細かく描きすぎていた。もっと早く「声の演技」に入った方が良い。5日もかけてあれだけ練り直した冒頭部分は、ほぼ、意味のない演出だった。私は、「朗読劇である」という、当たり前の、大前提の、一番大切なフィールドを、きちんと把握していなかったのである。

声に乗せるという行為のおかげで、大切なことに気づいた瞬間、ふと自分が劇団にいた頃のことを思い出した。それは新人公演で初めてセリフを忘れた時のこと。印刷された文字だとセリフが覚えられなかった私は、ノートにセリフを書き、その文字を読み上げていた。自分の字で、自分の声で、じゃないと、身体に浸透しなかったのである。

今、目の前のパソコンで入力された無機質な文字の羅列は、浸透してこなかった。ならば……。

この日以降、私はセリフを読み上げながら書いていくことに決めたのであった。

一つ突破口を見つけると、そこに向けて感情は走り出してくれた。それを必死に入力する。話しては描きこみ、話しては描きこむ。そうしてなんとか、描かれていなかった感情を補填し、トータル2万５００字の脚本が仕上がった。１５００字足りないが、楽曲の尺が決まっていなかったので、少し余裕を持たせた（……ということにした……）。

上司のゴーサインも貰い、先方へ再び提出。こちらの内容で進めていきましょうということになった。初めて、今自分にできることのすべてを注ぎ込めた気がした。「首の皮は、二枚になった」と、少しだけホッとした。

……のも束の間、ここからが本当のスタートだった。いよいよ、これまた人生初の「演出」が控えていたのだ……！

第9場　「演出家」への険しい道のり

演出とはなんぞや

なんとか脚本を書ききりホッとしたのも束の間、いよいよ、本番へ向けての稽古が始まった。タカラヅカでは稽古期間中はほぼ毎日、朝から晩まで稽古の日々だが、今回の案件は期間がかなり限られていて、対面稽古は週末のみ。なので、1回の稽古でしっかりと方向を定める必要がある。

机とパイプ椅子の他には何もないスタジオに1列に並ぶ声優さん達と向き合い、事前に考えてきた演出を告げていった。

当初私は、何もない空間から少しずつ芝居の世界に変わっていくさまを演出していこうと考えていた。なので、次のようなト書き（演出のこと）を脚本に書き、それに沿って演出していった。

（ト書き）キャストの1人がスタジオに入ってくる。椅子を5脚横1列に並べ、そのうちのひとつに座り、他のキャスト達が来るのを待つ。そこへもう1人キャストが入ってくる。会釈後アドリブで会話する。

……この、超絶序盤、まだキャスト全員が入ってきてもいないこの状況で、早くも問題は起きた。

キャストのマイクが、「有線」だったのだ。

マイクにコードが繋がっているので、有線マイクの時は基本的に持ったまま移動はしない。アドリブとはいえ会話するのならばマイクを持って入ってこなければならない。マイクを手に椅子を並べるのは相当手間がかかる……。

天真「……今のなしで！」

今まで付けてきた演出を速攻で却下した。そして、マイク、椅子、すべてがあらかじめセッティングされた所にキャスト全員が入ってくる演出に変更した。私が良かれと思って考えた演出は、とてつもなく「演劇的」だったのだ。

今や、ドラマやライブなどジャンルを超越して表現している声優さんだが、元来声の芝居を生業とされている方々が挑む朗読劇なのだから、声の演技から始まった方が良いのでは。……この状況になって初めて、自分が自分の経験値だけで演出してしまっていることに気づいた。

私はどうしても、「舞台演劇」出身者の演出方法しか持っていない。だが、今求められているのは「朗読劇」の演出。そもそもの考え方を変える必要があったのだ。

稽古が始まってわずか5分。暗礁に乗り上げてしまった……。


稽古が始まる前は、多少の不安はあれど、「演出」に関しては「脚本執筆」よりは自信があった。というのも在団中、新人公演時や中間管理職時代に、下級生の芝居やグループ芝居での自主稽古をこれでもかと取りまとめてきた、という自負があったから。

タカラヅカは、一つの作品を70名以上で作り上げる。仮に、全員分のト書きを脚本に書いていたら六法全書くらいの厚さになってしまうので、主演ではない役どころの芝居は自分達で考え、それを元に演出家の先生に演出を付けて頂くのが基本だ。

例えば、酒場に屯す街の人間達の場面があったとして、出演者が私以下15名くらいだった場合、まずは大まかな方向性を演出家の先生に指示して頂く。その後に自主稽古を開催して、それぞれの芝居や、誰と誰が絡んで、このタイミングで真ん中を見て……など、細かいことまで決めていく。

それ以外にも、稽古の時に下級生の芝居で気になるところがあればアドバイスしたり、稽古したりと、自分以外の役の芝居に関してもかなり首を突っ込んでいた。なので、自分は割と（勝手に）演出してきた方だ、と思っていたのだ。

しかし……今、全く歯が立たない状況に陥って、私は悟った。これまで私がしてきたことは、演出の先生が書いた「脚本」を元に、先生のプランを汲み取ったうえで戦略を練っていくという作業。つまり、コンサルタントだ。私は……「演出コンサル」だったのだ……。

私にしか作れない作品を

私は、演出を付けるに相応しい人間では、ない……。自分は演出家ではなく演出コンサルだという真実を突き付けられた私は、ショックに打ちひしがれてしまった。

そもそも演出って……なんぞや。私は何をしたら良いんだ？　狭まっていく思考回路の中で、演出家としての在り方を必死に模索した。するとなぜか、名だたる演出家の方々の姿が走馬灯のように脳裏に浮かんできた。『Wの悲劇』で「違うだろ！！！」と怒鳴り散らす蜷川幸雄先生や、『ガラスの仮面』でマヤを真冬の納屋に閉じ込める月影先生……など、役者を自分の描くビジョンに連れていく為にとてつもない試練を課す人の姿ばかりが思い浮かんでくる。

私も、今から急にタバコを吸いだして灰皿ぶん投げた方が良いのか……？　声優さん達を納屋に閉じ込めた方が良いのか……？　委縮してしまった私は､完全にパニクっていた。するると、キャストの1人である声優さんがこちらにやってきて、役についてやセリフの言い方など、様々な質問を投げかけてきた。

「この役がこのセリフを話す理由は、自分に言い聞かせる為ですか？」

……私は、その質問内容に打ちのめされた。役について、書き手の私よりも深く掘り下げられていたのである。

演者の皆さんは一つ一つのセリフをとても大切に表現して下さっている。なのに、私ときたら、とにかく目の前の問題をなんとかすることだけに囚われていた。自分の方がよっぽど、作品のことをわかっていなかった……。

今の自分がすべきなのは、ショックを受けて立ち止まることではない。演出コンサルタントとしての演出しかできなくとも、やるしかない、ということだ。そう思いながら、自分の書いた脚本を今一度読み直した。

「自分の描きたいと思った世界」を改めて見直してみると、自然に「もっとこうしていこう」というアイデアが浮かんできた。私は、質問をしてくれた声優さんに深く感謝しつつそれに答えた。それからの稽古では、具体的なアイデアをもって、コンサルティングしていく作業に取り掛かった。

声優さん達は、当たり前だが性格や、演じたい方向性がそれぞれ違う。本流か、我流か、大まかな輪郭を渡して細部の配色は全部任せた方が良い人なのか、細かな部分まで提示し、完全に表現させる方が良い人なのか。それぞれのアプローチを見てその人に合った演出をアテンドしていく。

稽古が進むにつれて、声優さん達の感情表現は豊かになり、深みを増していく。その表現を更に拡張したいと思い、芝居のＢＧＭを友達のピアニストにお願いし、物語の終盤にアニメーションを作りスクリーンに映す、など、演技以外の演出もつけていった。どれも簡単にできることではなかったが、製作の方々の桁違いな脚本の読み取り力とプロフェッショナルな意識に助けられ、作品に色が付いていった。

そうして迎えた本番……初めて作り手側で舞台の本番を迎えた私は、とんでもない緊張感に包まれていた。

演者は、作品という一艘の舟に乗り一生懸命オールを漕ぐ。脚本・演出は、その舟の行き先を示さなければならない。私の示した航路は正しかったのか。目指すゴールへ辿り着けるのか。遭難させてしまった乗組員はいないだろうか。次から次へと不安が押し寄せてくる。気づけば私は、舞台に出ていた頃よりも緊張していた。

そんな中、開演ブザーがなり、本番が始まった。

活動を始めて間もない声優の卵達が朗読劇に挑戦し、本番に向け日々成長していく等身大のストーリー。最初は、自分が書いた文字の羅列だった。そこへキャストの皆さんが、生命を吹き込んでくれた。

ＢＧＭが付き、シーンに彩りが増す。照明がキャストを照らし、今までになく輝いて見える。アニメーションが、作品の深みを増してくれる。

目の前で繰り広げられる完成した作品を見た私は、心の底から感激した。声優の方だけではない。これは紛れもない私の成長の物語だったのだ。

……創るのって……楽しい……！！！

これまでの葛藤や不安が一掃されるほどの、とてつもない想いに包まれたこの日を、私は忘れないだろう。

第10場　タンバリン芸人としての需要

元タカラジェンヌの進む道は……

朗読劇の本番を迎える少し前、制作の仕事に勤しみ、少しずつ業務内容にも慣れてきたと思い込み始めていたある日のこと。通勤の合間に見ていたインスタグラムの画面の右上の紙ヒコーキに、赤い①が付いていることに気がついた。以前、仕事のお誘いがインスタグラムのＤＭで届いていたのに気がつかず、長いこと放置して失敗したことのある私は、速攻で確認した。内容は、

「宝塚ソリオ内の宝塚阪急百貨店で、「ダリアジェンヌ」という自社製品の販売員をしてほしい」

というものだった。差出人は、なんと元宝塚歌劇団雪組男役90期の梓晴輝《あずさはるき》さん。

正直、メッセージを開いた瞬間は、「梓さんのお写真をアイコンにしているファンの方」かと思っていた……が、ご挨拶に始まり、梓さんが現在どのようなお仕事をされているか

についての説明、そして今回私に連絡した経緯、依頼内容……すべてが簡潔且つ懇切丁寧に記されていた。読み終わる頃には「こりゃあ、梓さんご本人であらせられるぞ……」と、背筋も伸び、自然と正しい姿勢になっていた。

梓さんと私は在団中は所属の組も違う為、ほぼほぼ接点はなかったのだが、雪組さんの公演を観に行った際にステージ上でキラッキラしていらっしゃり、花組の公演を観に来て下さった時にはキラッキラの笑顔で話しかけてきて下さったりと、一方的に「キラッキラな御方」という印象を抱いていた。

そんなキラッキラな梓さんのご実家の事業がダリアの栽培をされており、そのお手伝いをしていく中で生まれたのが「ダリアジェンヌ」という、ダリアからできた石鹸やコーヒーなどの製品なのである。

冷静に考えて、凄い。豪華で色鮮やかで気品があり美しい……そんなダリアを育てていらっしゃるご実家が凄い。そしてそこから製品を作り、事業を展開していく梓さんの行動力が凄い。私は、梓さんの凄さに圧倒されつつ……自分の視野の狭さに凹んだ。

14歳から18歳の間に、宝塚音楽学校の門をくぐり、そこから辞めるまで宝塚歌劇団という「表現する道」で生きていく。そんなタカラジェンヌ達は、退団後も在団中に培った、歌うこと、踊ることなどの「表現する道」に進むことが多いように思う。自分自身も、

「演じる」から「創る」に変わったとはいえ、「表現する」という道からは離れずに仕事をしている。そんな中で、梓さんは自社製品を立ち上げ、地域活性支援にも携わっている。一体どんな現場なんだろう……見てみたい……!!

こうして私は、二つ返事でお仕事を引き受けさせて頂いたのである。

買い物客から販売員に

そんなこんなで正しい姿勢のまま「ダリアジェンヌ」の販売を手伝う為に新幹線に乗り込み、正しい姿勢で移動し、久方ぶりの宝塚市へ……。在団中、とてもお世話になっていた宝塚ソリオの宝塚阪急の入り口に立ち、外観を眺める。在団中から何も変わらない姿に安心し、そのまま店内へ……ではなく、従業員通用口へ。

開店前の静けさと集中力が、開演前の楽屋の雰囲気と少し被る。10年以上通い詰めた百貨店のウラ側を見られたことに感動しつつ、「ダリアジェンヌ」の販売ブースへ。

そこで出迎えて下さった梓さんは、相変わらずキラッキラしていた。結婚され、お子さんもお二人いらっしゃると言うのが信じられないくらい、現役さながらにキラッキラしていた。私は眩しさに目をやられないように気をつけながら、商品の説明を聞いた。

ひと通り説明を聞くと、新しい朝を喜ぶようなメロディが鳴った。すると、ミーティングを終えた周りのブースの販売員の方々が一斉に入り口に並び出した。勿論、梓さんも。

梓さんは、

「いよいよ開店だよ。たそに会いに沢山お客さんが来ると良いね」

と仰った。

タカラヅカの舞台とは違い、百貨店は自分の好きな時に好きなタイミングで店頭に来られる。舞台なら、当日どれくらいの人が来ようとしているのか把握することができるが、百貨店は来るも来ないもお客さんの自由なので、開店してみないとわからない。それって結構緊張することだよな……みんな来てくれるんかな……みんなって誰や?……と思いながら、私も見よう見まねで店頭に立った。

すると、開店と同時に一目散にこちらに向かってこられる方々が目に入った。そして、皆さん我々に向かってブンブンと手を振っている。

本当にありがたいことに、「みんな」が来て下さった。

みんなの中には在団中にお世話になっていた方もいらっしゃったが、ほぼほぼ初めましての方達だった。ただ、みんなタカラヅカの舞台を欠かさず観劇されている方なので、現役時代の感想などを語って下さった。さながら、在団中の「入り待ち・出待ち」のようだった。

タカラヅカを卒業してからすぐに制作の仕事に就き、元タカラジェンヌであることをあまり言わずに過ごして約半年……久しぶりの、タカラヅカという共通の愛するものを持った方々との触れ合い……。それはとても懐かしく、そしてとても「ありがたい」ことだった。

商品を包装しながら、在団中には聞くことのできなかった想いをお聞きする（時に話の方に夢中になり包装が疎かになってしまうことも……）。在団中には体験したことのない触れ合いの中、「ここに来て良かったなあ」と深く感動した。そして、この場を設けて下さった梓さんの存在にも深く感謝した。

元タカラジェンヌが第二の道を歩む中で、こうして店頭に立ち、そこに来る方々との「繋がり」を生み出す。商品の開発、販売も、「私はこうして生きていく」という「表現の道」なのだということに気がついた。

「元タカラジェンヌの進む道は……十人十色なんだなぁ」

歌って踊って芝居して。清く正しく生きてきたタカラジェンヌの進む道の多様さに感動した私は、その道の進み方一つ一つを知りたいと強く思った。

タンバリン芸人としての需要

「ダリアジェンヌ」のお手伝いをしてからというもの、相変わらずサラリーマンとして働きつつも、元タカラジェンヌとして応援して下さった方との触れ合いはなくしちゃいけないのかもなあ……と考えるようになっていた。そんなある日のこと、天真みちる個人宛に新規の仕事依頼が寄せられた。その内容は、

「結婚披露宴の余興をお願いしたい」

という案件だった。……そう、歌って踊れるサラリーマンの肩書にふさわしいオファーが来たのである。

「本当に申し込んで下さる方がいらっしゃった……！」

私は心弾ませながら、打ち合わせに向かった。ご依頼主の奥様は初対面ながら、旦那さんと共に大のタカラヅカファンで私のことも知って下さっていた。

私が演じた役の中では特にキキちゃん（芹香斗亜《せりかとあ》）主演の『ＭＹ ＨＥＲＯ』のスマイル・スマイリーがとってもお好きだということで、観劇した時の感想など、終始タカラヅカへの想いについて深く語り合う打ち合わせとなった。

ご夫婦は私が在団中「タンバリン芸人」として活動していたこともご存知だったので、余興はタンバリン芸の披露を軸にした構成になった。奥様のご提案を聞きながら、夫婦と

してやってみたいこともありつつ、列席される方にも楽しんでもらいたい！という想いを感じ、結婚披露宴という大切な催しに参加させて頂くことのありがたさを痛感した。

そんなこんなで結婚披露宴当日……岩手県のホテルにて再び依頼主様ご夫婦に再会。ご夫婦は「どうしても見てほしいものがある」と、私を別室に案内した。そこには……持ち手に長いリボンが巻かれた、タカラヅカのショーのラストに行うパレードの持ち物「シャンシャン」さながらの可愛らしいブーケと、スターさんが背負うような立派な背負い羽根があった。お二人は「この日の為に手作りしました……！」と、とても嬉しそうに微笑んでいる。

本当にタカラヅカがお好きなのだ。愛して下さっているんだ……私はお二人のその姿に深く感動した。

そして私は今、その愛されているタカラヅカの代表として、会場を盛り上げなくてはならないのだ。きっと、会場には「あまり天真みちるをよく知らない勢」の方々も参加されるであろう。もし盛り上がらなかったら、ご夫婦以外の「あまり天真みちるをよく知らない勢」に白い眼で見られてしまう……そしたらご夫婦も「あまり天真み……以下同」に「違うのよ、あの人（私）はあんな感じだけど、本家はとっても素晴らしくって……」と弁解して回らないといけなくなってしまう。せっかくの晴れの日に……！！　突如、凄まじい緊張感と責任感が私を支配していった。

そしていよいよ出番が回ってきた。司会の方が私の名前を読み上げる……が、「宝塚歌劇団」の名前に「おお！」という反応はあれども、「天真みちる」という名前にピンと来ている反応は扉越しには感じられなかった……。

瞬間、今まで自分はどれほど甘やかされて育ったのだろう……と、これまでの人生を思い返した。宝塚歌劇団という温かな世界の中で、当時の花組ファンの方々に「たそ＝タンバリン芸人」だと、割と周知して頂いていた……それをさも「世の理《ことわり》」のように「みんな知ってるっしょ」と思って生きてきたんだこの私は。なんという厚顔無恥っぷりや……！面の皮広辞苑級に分厚いな自分……！！！　扉が開く刹那、心の中で自分を罵りに罵った。

でも、ここに来て帰るという選択肢はない。……叩くしかない……タンバリンを。

私は覚悟を決めた。

「天真みちるを知っていようが、知らなかろうが、私はただ一生懸命にタンバリンを叩いたらええんや。これが……ワイの余興芸人黎明期や！」

そこからは本当にただひたすら懸命にタンバリンを叩き、旦那様との余興も楽しみ、奥様の演奏に合わせながら歌唱を捧げさせて頂いた。あっという間の出演時間だった。

でも、披露宴という、祝福と笑顔に満ちた空間で叩いたタンバリンは、いつもと違う優しい音がした。あまり天真みちるをよく知らない勢の方々にも楽しんで頂けた……ような気がする。

出番終了後、会場を後にする私を見送りに来て下さったご夫婦の幸せそうな表情を見て、こちらも心から幸せな気持ちになった。なんか良いことしたかも……と思いながら帰った新幹線の中、

「タンバリン芸……余興芸人……イケるかもしれない……！！！！」

と、新幹線の時速を上回る速さで調子に乗っていたのであった。

第11場　ドキュメントオブ天真爛漫ショー

少し前にとった杵柄

２０１８年10月14日、宝塚歌劇団を卒業した日。

この先自分はどう進んでいくのか、どんな仕事をしていくのか……まだ具体的に想像もつかずただただ「未知」だった中で、ただ一つ、確実に開催が決まっていた案件があった。

それが、第一ホテル東京シーフォートにて行われる自身のディナーショーだった。

この案件をご紹介下さったのは、ホテル「レム日比谷」の支配人である貴柳《たかやぎ》みどりさん。貴柳さんは宝塚歌劇団娘役として星組、花組、宙組で活躍されていた上級生の方である。前話の梓さんと同じく、「元タカラジェンヌの進む道の幅広さ」を体現されていらっしゃる御方だ。

ぽっぽさん（貴柳さんの愛称）は、ファン時代から憧れの存在だった。

タカラヅカのステージでは、お衣裳に合わせる髪飾りやアクセサリーは、劇団のお衣裳部さんが用意して下さるものもあるが、自分で用意したり、アレンジを加えることもある。特に、娘役だとイヤリングなどは自身で用意することが多い。私は、ぽっぽさんがお衣裳に合わせるアクセサリーのチョイスが大好きだった。

なんというかもう……

「センス！！！！」

の一言に尽きる。

「そう来たか――――――――！！！」

の一言に尽きる。

どうしたらこのお衣裳にこの色味の物を合わせようと思うのか、そしてそれが成立するのか、ワイには到底考えつかないハイセンスな世界だった。様々な時代、国、人種の作品を演じるタカラヅカのステージで、いつも衣裳に「着られている」のではなく、「着こなしている」ジェンヌさんだった。

余談だが……在団中にぽっぽさんを観た時と同じ衝撃を受けたのが、同じく娘役の花野《はなの》じゅりあさんだった。じゅりあさんのセンスも

「そう来たか――――――――！！！」

のオンパレードで、毎回ドレスリハーサルが楽しみで仕方なかった。

ある日じゅりあさんにその旨をお伝えしたら、じゅりあさんはぽっぽさんの花組在籍時に「御付き（弟子入りのようなもの）」をしていたと仰った。「……なるほど」と、スッとーんと腑に落ちた。この世の出来事の中で一番「腑に落ちる」瞬間だった。

センスはセンスを呼ぶ。そして受け継がれていく。

「嗚呼、タカラヅカよ、永遠なれ」

そう心の中で呟いた。


話を戻そう。

プレイヤーとしても完璧なぽっぽさんは、宙組在団時は副組長も務めていらっしゃった。美しく麗しい娘役の鑑のような表現者としての資質と、70名以上の組子をまとめあげるリーダーとしての資質。天はぽっぽさんに二物を与えたもうた。

そんな、ファン時代に一方的に憧れていたぽっぽさんから「ディナーショーに出演しませんか？」とお話を頂く。退団後、こんなにありがたい巡り合わせってあるんか！と、私は喜びに震えた。

美しい佇まい、1本の乱れもなく美しく結われた御髪、スーツにさりげなく合わせた美しいスカーフ……。目の前で企画の趣旨を説明されるぽっぽさんは、ファン時代に客席から眺めていた時と寸分たがわぬ美しさと高貴さに満ち溢れていた。

私の返事は、「はい」か「イエス」か「喜んで」しか選択肢がなかった。

ただ、ぽっぽさんに差し伸べられた手にお応えしようと手を差し出した瞬間、ふと「どうして私なのか……？」という疑問が湧いた。在団中の私は、芝居の表現として歌うことはあってもショーの中で「ソロ」として歌ったり踊ったりする機会は割と少なく、ディナーショーも在団中に一度だけ、壮一帆さんの公演に出させて頂いたっきりだった。

そんな私にどうしてオファーして下さったのだろう……。考えていても埒が明かないので、ぽっぽさんに率直にお聞きした。

するとぽっぽさんから

「エトワール（パレードの幕開けに大階段の中央で歌う重要な役割）を務めていたからよ」

というお答えを頂いた。「エトワールを務めたのだから、貴方は立派な歌手でもあるのよ……」と。

ぽっぽさんは知らない……

あのエトワールは、「退団作」という「忖度」が大分働いたと思われるオーディションで勝ち取ったものだったことを……。

でも、そのおかげでディナーショー出演のお話を頂けた……。

結果オーライじゃないか！　ええじゃないかええじゃないか！

私は胸を張って、ぽっぽさんの差し伸べて下さった手に、手を乗せたのだった。

私のゼロ

こうしてディナーショーの出演オファーを受けた私は、早速準備に取り掛かった。

……のだが、大前提中の大前提である、「どんなコンセプトにするか」が全く思いつかず、はじめの一歩も踏み出せない状況に陥ってしまった。

どんな歌を歌えば良いのか、演奏はどうしたら良いのか、ダンスは踊るのか……。コンセプトが決まらないので、具体的な内容も決まらない。悩みに悩めど、企画書は真っ白のまま時が過ぎていった。

真っ白な企画書を見つめながら、自分は今までどれほど「受け身」でいたのか、と罪悪感に襲われた。

タカラヅカ在団時、稽古中は自身に与えられた役の背景を掘り下げてきたつもりだった。時には演出家の意図を汲みつつも、「自分ならこう作りたい」と思う場面を、同じ場面に出演するメンバーを導き、自主稽古しながら作ってきた……つもりだった。

でも、こうして自分自身で作ったモノは、演出家の先生が作った「脚本」があるから生まれるモノであって、ゼロから生み出されたモノではない。私が生み出してきたと思っていたものは、二次創作に過ぎなかったのだ。

「ゼロから何かを生み出したい」という思いでタカラヅカを卒業したはずなのに、それを披露する時が来た瞬間、なんの持ち物もないことに気づく、それもこのタイミングで気がつくか？という、なんとも間抜けで情けない状況になっていた。

「私は一体、何をしたいんだろう……」

その答えは見つからず、その間にサラリーマンになり、恐怖の議事録作成や、朗読劇の脚本執筆など、初めての業務に押しつぶされ、より迷宮の奥深くへのまれていった。

「私は一体、何をしたいんだろう……」

来る日も来る日も思考回路がその疑問だけに支配されていた。

そして、一つの考えが頭をよぎった。

「そもそも私の人生そのものが二次創作なのではないか」

4人兄弟の私は、幼い頃から姉がどう動くか、妹がどう動くか、弟に親がなんて言うのか、それらを受けてから行動することが多かった。

タカラヅカに入団してからも、トップスターさんはどう思われているのか？　上級生の方はどう思われているのか？　演出家の先生の意図は？　劇団は私にどんな存在になってほしいのか……？と、常に誰かのアクションを受けてから考えて行動していた。

私はずっとリアクションしか取っていなかったのだ。

「自分が何をしたいか」ではなく、「ど真ん中が何をしているか」を見て行動する。そんな二次的リアクションジェンヌの私が、果たしてゼロから1を生み出すことができるのだろうか……？

「ど真ん中」……即ち「ゼロ」
見つけたい　私の「ゼロ」

Where is my ZERO ?
Where is my ZERO ?

空っぽのカバンを手に探しに行こう
journey to find yourself

探しても見つからない時もあるさ
そんな時は浴びる程酒飲めばいい

何を探してたのかさえforget it
ジョッキ片手にさあgo for it

よしできた……ポエムが（by日常）。

……誤解してほしくないのだが、こちらは本気で悩んでいる。本気で悩んでいたら、思考回路が脇道に逸れてしまったのだ。

でも……

脇に逸れる……これが私……なのかもしれない。脇……そういや私は在団中、「脇役のトップスター」を目指していたんじゃなかったっけ……？

「脇役のトップスターの……ディナーショー……」

ぼやけにぼやけてポエムがかっていた視界がクリアになっていった。

……今の自分には、これしかない。というか、これ以外もう思いつかない。

こうして、自分でもよくわからないうちに、初ディナーショーのコンセプトが決まったのだった。

脇役のトップスターのディナーショー

そこからは信じられないくらいスルスルと内容が固まっていった。

オープニングは、在団中に宴会で披露し、大いに盛り上がった『美女と野獣』の「ビー・アワー・ゲスト」に始まり、音楽学校時代に伴奏を担当していた宝塚音楽学校校歌を弾き語りし、自身が歌ってきた、10小節にも満たない通称「チビソロ」の数々を、「たそヒストリー」としてメドレーにし、途中のエピソードトーク中には、当時の写真などをスクリーンに映し、衣装チェンジの際には動画を作成し、エピローグに、これまた余興でタンバリン芸の次に鉄板だった、ミュージカル『レ・ミゼラブル』の「ワン・デイ・モア」の全キャストを1人で歌う。

すべてが、今まで自分が脇役として表現してきたものだった。

……それと、余興で表現してきたものだった。

自分の中で鉄板だと思えるネタがいくつかあるということを、こんなにありがたいと思える日が来ようとは。構成表を作りながら、「いやぁ～余興やってきて良かったなあ」としみじみ思った。

そして迎えた本番。

ドキドキしながら宴会場の扉を開く……。

そこには、とてもありがたいことに沢山のお客様が駆けつけて下さっていた。中には……花組の同期や上級生の方、そして下級生も（涙）。タカラヅカを卒業しても、こうして会いに来て下さる方々がいることがとても嬉しかった。

憧れのタカラヅカの扉を叩いてから、自分の意思で卒業するまでの、15年間の想いをメドレーに込めて歌った。

歌いながら、今まで「チビソロ」だと思っていたものは、とても壮大なメロディーだったんだということに気がついた。ひとりひとりに私の脇役としてのすべてを、これでもか！というくらいお届けした。

お客様は私の表現を受け入れ、喜んでいらっしゃるように見えた。

最初は自分だけで埋められるか不安だったのに、歌って踊ってタンバリンかき鳴らして、そして笑って。気づけばあっという間の90分だった。

終演後、お客様をお見送りすると、皆さん「またやってね！」「また会いましょう」と、とても優しいお言葉をかけて下さった。

また……やっていいんだ。

自分自身の背中を押してもらえたような気がした。

「脇役として、主役になる」

今までに得たことのないほどの達成感に包まれながら、私はそう、強く決意した。

第12場　みんな違ってみんないい、こともない

想像できない責任を想像する

自身の「ゼロ」を知り、なんとかディナーショーも滞りなく終演し、再びサラリーマンの日常を過ごしていたある日のこと……とある御方のイベント制作の案件が舞い込んできた。

その御方とは……元宝塚歌劇団星組男役の七海《ななみ》ひろきさんであった。類まれなる美貌をお持ちで（お顔の小ささがヤバい。写真撮る時5メートルくらい後ろに立たないと公平にならない）口から発する言葉はすべて甘い囁きになるという、とんでもなくツミな御方……。

そんな七海さんが２０１９年3月24日、惜しまれつつ退団。

それから3か月の時を経て、再びファンの方にお会いする最初のイベント……の制作の案件が舞い込んできたのである。

大変光栄でありがたいことである！　……が、それと同時に想像できないレベルの責任を感じた。

（想像できないけれど）想像してほしい。

アナタは友人の付き添いか、もしくは貸し切り公演のチケットが奇跡的に当たったご家族の付き添いで、初めて宝塚歌劇団のステージを観劇したとする。

俯瞰して観ていたステージで、キメっキメで銀橋を渡るスターとふと目が合ったとする。

するとそのスターが、アナタだけを見つめてゆっくりウインクしてきたとする。

「……今のって……私だけにしてくれた……？」

その瞬間から、よくわからないウズウズとした感覚が心を支配し、気がつけば、

「あら……さっきはバチバチにキメていたのに、場面が変わると全然違う表情もされるのね……」

と、そのスターさんだけを目で追いかけてしまう。そのスターさんはとんでもないものを盗んでいきました……アナタの心です。

そして劇場を後にする頃には、同じ演目のチケットを何とか買い足せないかGoogle先生にお聞きし、公式ファンクラブである「宝塚友の会」なるものの存在を知り、「お友達になりましょう！」と握手を求めるが、友達とは思えない塩対応を取られたりして、「真

の友への道のりは遠いのね……」と覚悟を決める……とする。

その後、「初恋ドロボウスターさん＝贔屓（タカラヅカで言うところの「推し」）」を、なんとかして目に焼き付ける為に様々な努力を重ね、少しずつ力を付けていく。

公演ごとに魅せる表情や表現はアップデートされ、1テラバイトでも足りない！ってくらいの心のアルバムができあがっていく。

途中、共に応援する仲間に出会い、時に贔屓にどうやって心を奪われたのか互いに語り合い、時に贔屓の良さをプレゼンし合い、時に「険しすぎる真の友への道のり」を助け合い進み、仲間と出会えたことに対する感謝も相まってさらに贔屓が大切な存在になっていく……とする。


ご贔屓〜貴女に会えて〜


そんな、日を重ねるにつれてかけがえのない存在になっていた贔屓が、ある日突然「卒業」を発表した。

まさに青天の霹靂、寝耳に水の出来事。

「もう……贔屓があの板の上でキザにキメる姿を観ることができな……い……？」

心は乱れ、事実をうまく受け止められず、ただただ涙がこぼれる。

なんとか聶肙の想いを受け止めようと心に決めて卒業公演を観劇。

スターとして輝くその姿を、涙でゆらめく瞳でしっかりと見つめ、儚いからこそ生まれる聶肙へのエターナルな想いを胸に抱き、

「聶肙……バン……ザ……（パタリ）」

と、燃え尽きる（概念）

…………とする。

それから3か月……普段通りの生活を送りながらどこか空虚な思いがチラつき、その度に「フ……」と陰りのある笑みを浮かべていたある日、ネットで聶肙の名前が突如トレンド入りする。

ななな何事？！！！と検索すると

まさかの、そして待ちわびていた聶肙のカムバック情報が！！！！

……とする。

いかがだろうか？

情報を見たアナタは、次の瞬間身体が勝手にそのイベントのチケット申し込みサイトを

開き、決済ボタンをポチっているのではないか？

直後、かつての仲間に贔屓の生存確認が取れたことの喜びを長文ポエムにて送りつけ、「会場で待ち合わせよっ！」と締めくくったのではないか？（私だったらそうする）

そんな、エターナル贔屓との感動の再会の場をプロデュースする……緊張と責任は計り知れないほどであった。

再会への道のり

そんなこんなで始まった、イベント制作会議。

ただ、この日の私の会議に臨む態度は……今までとは一味違った。

なぜなら……自分だけが、在団中や、卒業時のお客様への感謝の集いなど、「イベント出演の経験値」を持つ、まごうことなき「先輩」だったからである。

いわゆる、バトルロワイヤル系の作品の中で、

「実は……俺はかつての戦いの生存者だ」

と、1人だけ落ちつきはらった様子で戦いに臨むキーパーソンのようなものだ。

これまでの様々な案件にただついて行くだけで精一杯！という状況から一変、私は1人だけキーパーソンのような立場で会議に参加し、「コンセプトは」「衣装は」「内容は」「物

販は」と、矢継ぎ早に意見を出した。

なんなら「こういうことをやってみたい」とか、「もっとこうした方が良いかもですよね」と、毎回企画内容についてもアイデアを出していた。

その結果、イベント責任者に任命され、さらにはＭＣも務めるよう打診を頂いた。

入社して初めて案件を任せてもらえた……。サラリーマンとして一歩前進できたような、少し誇らしい気持ちになった

……が、それも束の間、その日から目の前に様々な壁が立ちはだかった。

まずは、どのようなコンセプトにするか。

自分自身のディナーショーのコンセプト決めでもかなりの時間を要したのだから、そう簡単に決まるわけがない。

七海さんはどのような再会の場にしたいと思っていらっしゃるのか、そしてお客様はどのような再会を待ち望んでいるのか。そしてその先にある、七海さんのこれから歩む道をどのように伝えていくか。七海さんとお客様の、お互いに望む「ステキな再会」を目指し、私は日々業務に明け暮れた。

ある日は、七海さんともブレストをし「歌唱披露」や「握手会の開催」など、七海さん

希望のイベントをリストアップする。

そして、打ち合わせで出た、「オープニングムービーは流したいよね」という意見や、七海さんファンの方々の「待ち望んでいる再会」についてリサーチを重ね、キーワードをピックアップする。

またある日は、東京大阪各会場のロケハンをし、「歌唱する際の音響設備の環境は」「握手会開催は可能か、またその際のルートは」「スクリーンはあるか」など、イベントでやりたい内容が実現可能かどうかを会場係の方に確認（ちなみに会場は映画館の為、「スクリーンはあるか」は愚問だった）。

またある日は、会場資料とそれぞれの打ち合わせやリサーチで集まったキーワードを元に大まかな進行表を作る。イベントの理想トータル時間を設定し、そこに、一つ一つの催し物にかかる時間を仮定していく。

Word・Excel・PowerPoint みんなちがって……

進行表作成の際にExcelを使用。

某《それがし》、Excel始めて3か月故、めちゃくちゃアシスト力の高いExcelの機能をほぼ使わず手入力するという暴挙。面倒見の良い優しい上司に1万回位質問する（内、2割内容重複)。

そして「握手会」における時間設定がキモだと気がつく。握手会に時間をかけすぎると他の催し物がほぼできなくなってしまうので、「1人あたりの握手の時間」を秒単位で設定。これは絶対お客様の誘導や「剥がし」をする経験値の高い歴戦のスタッフさんが必要だと判断。お手伝い頂ける方を募る。

ありがたいことに経験値の高い歴戦のスタッフさんが集ってくれる。その方々のアドバイスを元に、握手会ルートの設定や、楽屋からのルートなどを書きこんだ「会場資料」を作成。

資料作成の際にPowerPointを使用。

某、パワポほぼ初心者故、デフォルトの「タイトルを入力」の文字を削除するだけに小一時間奮闘。面倒見の良い優しい上司に3万回位質問する(内、4割内容重複)。

またある日は、総スタッフへ配布する当日のタイムスケジュールの作成。某、Excel始めて3か月故(以下略)

またある日は、七海さんの台本作成の際にWordを使用。某、Wordは毎日使用している故、スムーズにいく……

かと思われたが、照明音響映像のタイミングをすべて反映させた技術台本も作らねばならず、「Wordなのに図形使う系資料」だった故、涙で袖を濡らす。面倒見の良い優しい上司に5万回位質問する（内、過半数内容重複）。

ってか、「Wordなのに図形使う系資料」って何？！？！　Wordに出会って5か月、知らなかったよ、ワードでこんなに図形出せるとは。

ってか、WordもExcelもPowerPointも……どれもこれもなんでこんなに機能あるの？！？！　さては生涯で使い切らせる気ないね?!

頼むから脳内データを捻出させてくれ！　豊富な機能よりも頼むから脳内データを捻出させてくれ!!　テクノロジー諸君!!　早急に進化したまえ！！！　おい！！！　長方形囲みよ!!　どこへ行こうというのかね？　返したまえいい子だから！！　さあ！！　あっはっはっは、どこへ行こうというのかね!?

あっはっはっは……

……正直、「資料作成」にこれまでの「イベント出演者としての経験値」がもの言うタイミングなど……無に等しい。

来る日も来る日も資料作成に追われていく中で、

「あゝ某は今まで、アイデアを出していた〝だけ〟だったんだなあ……みちる（みつを）」

と、虚空を見つめて呟いた。

そして、これまでのイベント開催に関するすべての皆さんに深い深い感謝の念を抱いたのであった……。

第13場　さらばサラリーマンたそ

剣と恋と虹と企画と構成と資料作成と出演と

大尊敬する先輩七海ひろきさんの宝塚歌劇団卒業後初めてのイベントの制作の命を仰せつかったサラリーマン歴7か月目の天真みちる！

光栄且つ責任重大な案件に、唯一「経験者」であった天真は、普段からは考えられない発言量で会議を廻しに廻す！

そのイキり具合を買った上司は天真を「制作責任者」に任命。「責任者」という文字通り、ほぼすべての業務をこなすべく孤軍奮闘。

気がつけば、

■企画・構成

■会場ロケ

■会場資料作成
■当日のタイムスケジュール作成
■お手伝い頂くスタッフさんの手配
■出演者・スタッフ全員の進行表作成
■出演者の台本作成
■照明・音響スタッフの技術台本の作成
■オープニングムービーの監修

更には

■自身のＭＣとしての出演

と、イベントのすべてを担っていた。

「……もはや、イベントを司る神なのでは？」

日々迫りくる「資料作成」の試練と〆切。ワードエクセルパワーポイントワードエクセルパワーポイントワードエクセルパワーポイントワードエクセルワードワードワードパワ

ポパワポパワポワードエクセルパワポパワポパワポパワポパワポパワポパワポパワ
ポパワポパワポパワポパワポパワポパワポpwpwpwpwpwpw……パワー！
キャパオーバーした天真はとうとう逆ハイに。
「我こそはイベントを司りし神なり！　フハハハ！！！」
果たして資料は本番までにできあがるのか?!　天真は神となれるのか?!
彼女の運命や如何に！！！！！

衝撃の事実

……結論から言うと、神にはなれなかった。
なんとか資料を仕上げ、なんとか各スタッフさんへ送信し、なんとか細々と準備を重ね
……なんなら虚無になっていた。

そしてとうとう迎えた本番当日。
会場に着き、諸々の準備に取り掛かる。音響確認、マイクチェック、照明確認、会場に流す映像の確認、七海さんの動線確認、握手時の動線確認、登場のタイミングなどのリハーサル……諸々の確認作業終了後、各スタッフさんとの最終打ち合わせを終え、時刻を

確認すると本番30分前に。

いよいよ開場。あとは開演を待つばかりとなった。

それぞれの配置へと向かう各スタッフさんを見送り、誰もいなくなった廊下で1人、椅子に腰かけた。

「……ふぅ」

……ここまであっという間だった。

責任者として初の仕事、西も東もわからず試練の連続だった。だが……なんとかここまで来ることができた。

「……よかった……本当に……」

久方ぶりの静寂。自分の呼吸音しか聞こえないその空間で、わずかな達成感を覚えながら1人、ひっそりと瞼を閉じ……ようとしたその時……

スタッフさん「天真さんも準備お願いします」

天真「……ほえ?」

スタッフさん「え……?」

天真「え……?」

スタッフさん「……MCです……よ、ね……?」

天真「……」

その時、天真は思い出した。自分もＭＣとして出演することを……。

なのに、まだ一つも準備が完了していないことを……。

天真「！！！！！！」

利那、天真は「40秒で支度しなッ！」と命令されたパズー（『天空の城ラピュタ』）が如く、音速で準備に取り掛かった。


イベント開始ッ！

自身も出演する、ということをすっかり忘れていた天真だが、在団中、朝起きられなさ過ぎて、楽屋入りが開演1時間前だったことで身についた準備の速さで何とか開演10分前には支度を済ませられた。

「楽屋入りが遅くて良かったなあ……」

そんな、あまり誇るべきところではないと思われるところで自身を最大級誇りに思いながら会場へ。

ＭＣ台に着き、本イベントの諸注意などをアナウンスしている間に、いよいよ開演10秒前。

9……8……7……6……5……4……3……2……1……

開演ブザーが鳴る。

客電がゆっくりと落ち、映画館のスクリーンにムービーが映し出される。とあるロケーションから、少しずつある場所へと続く道を進み、扉を開く。

するとその先に……七海さんの後ろ姿が……（この先はブルーレイかＤＶＤをお買い求めになり、お確かめ下さいませ）。

……ムービーの締めくくりに七海さん本人がご登場。

「キャ――――――！！！」

瞬間、物凄い歓声が上がった。

待ちわびたご贔屓との再会に、熱狂に包まれる会場。

そこから先の90分間、この熱狂が冷めることはなかった。

（あくまで私の主観だが）タカラヅカの男役は、劇団に在籍する間、自身の目指す最高峰の「理想の男装の麗人」を目指して日々研究をし続ける。

そして10年以上かけて「自分だけの格好良さ」を見出し、自身の「男役」としての魅力が最高峰に至った、という達成感に全身が包まれた時、卒業を決める気がする。

1人の人生の、たった十数年。

「男役」として生きる時間は、とても儚い。

だからこそ男役は、卒業する瞬間まで全身全霊で「自分だけの格好良さ」を突き詰める。

そして卒業した瞬間、自分の内に最前線で生きていた「男役」が、幽体離脱のように身体から離れていく。そこからは「自分自身」が最前線となり、それぞれの「最高峰」を目指し、それぞれの道を歩んでいく。

その、様々な道の中で、七海さんは、「七海ひろき」として新たな男役像を極めることを決められた。それを初めて、会場に集まった方々へ伝える。

正直、お客様がどんな風に反応なさるのか、構成を考えている時は想像できていなかった。それは、七海さん本人もそうだったと思う。

どんな受け止め方をされるのだろうか、ついてきて下さるのだろうか、これから進む道と決心を伝える時は、きっと、とてつもない覚悟があったことと思う。

結果、お客様は七海さんの想いに寄り添い、ついていくという決意をされているように感じ、杞憂だったなあと思った。

会場を後にするお客様の背中を見つめながら、ただただ、このイベント制作に携わることができて良かったなあと思った。

自分ではない誰かのショーを構成する。

その「責任感と達成感」の深さを知る機会をもらえたことに心から感謝した。

サラリーマンの夢と現実

そんなこんなでなんとかイベントは終了。

企画から本番までのフルマラソンを完走しきったような、そんな達成感に包まれながら普段の業務に戻った私は、イベントの決算データを確認することになった。

にっくきExcelにまとめられた、業務内容と数字の羅列。

それらを目の当たりにした瞬間、イベント当日の夢に満ちた暖かな空間から、一気に現実に引き戻された。

「これが……歌って踊れるサラリーマンの宿命か……」

この瞬間、ひとつ大人になったような気がした。

今回私は「制作」と「製作」のどちらも担っていたので、各セクションの予算をほぼすべて把握していた。

そして実際にかかった経費と売り上げを確認しながら、それぞれの業務内容のスキルとその価値がどれくらいなのかを初めて知ることとなった。

その中でたった一つ、どうしても知ることのできない内訳があった。

それは……「自分自身」の価値だった。

そもそも、このデータに私の項目があるわけがない。私に支払われるのは、サラリーマンとしての今月の給与（固定給）だからだ。

だが、データ上の細分化された項目を見ながら……なぜかモヤモヤとした気持ちが心から離れなかった。

企画・構成から各種資料作成、そして出演など、自身が多岐にわたって担当した業務もかなり細かい項目に分けられるはず。

「その場合、その内訳は……？」

答えの出せない問いに思考回路を支配され、私は夢と現実の狭間で立ち尽くした。

さらばサラリーマンたそ

今までタカラヅカで培ってきた情報量の多いおじさんのスキル、タンバリン芸人としてのスキル、サラリーマンとして担うこととなった歌って踊れるサラリーマンとしてのスキル、余興芸人のスキル、そして今回の案件で経験することとなった資料作成、企画・構成、ＭＣとしてのスキル……。

それらにどれほどの価値があるのだろう？

来る日も来る日もそのことを考えていた。

時に上司にそれとなく聞いてみたり、友人に聞いてみたり、ネットでイベント会社の予算を見たり……だが、納得のいく答えは出なかった。

そして……その答えは、サラリーマンでいる限りは知ることはできないのでは？と思うようになっていった。

もともと、

「これからはタカラヅカという組織だけじゃなく、様々な環境で自分にできることが何かを知ろう」

そんな思いを胸にタカラヅカを卒業した。

それを実現させる為には、もっと……自由に飛び回る必要がある……。

……自由、に……？

「それって……会社を辞める……ってこと？」

思考がここまで辿り着いた時、ふと我に返った。

気まぐれで飽きっぽい性格ながら、タカラヅカには音楽学校を含め15年間在籍した。そんな自分の心から、「辞める」という言葉がこんなにも早く発せられるとは思っていなかった。だが……。

サラリーマンとなって7か月、そろそろ自分が「組織に属することに向いていない人間だ」ということが嫌と言うほどわかってきていた。

例えば今回のイベントでも、初めて責任者という立場になった緊張感、そして自分だけが経験者ということから業務の何もかもを一手に担い、勝手にワンオペしてしまった。

途中で手を差し伸べられても、自身の説明力のなさゆえ業務を託すことができなかった。

かといって、誰かの元でアシスタントとして務める時には、勝手なことをして怒られるのはマズイと、「指示待ち人間」になってしまう。その他向いてない要素は数知れず……。

それとは別に、そろそろ自分が「これからやっていきたいこと」も、なんとなくわかってきた。例えば企画・構成・脚本・演出について、今後はもっと自分にしかできないモノが創れるようになりたいと強く思った。

今回のイベントを通して得た「責任感」は、サラリーマンという「組織の一員」としてではなく、天真みちるという「個人」として向き合ったから生まれたものなのだと思う。ならば、今後は天真みちる個人で案件に向き合う方が、より強固なものが作れるようになるはずだ。

サラリーマンとして働いたことでわかった、新たな進むべき道。

それを見据えた翌月末、私は会社に退職願を出した。

エピローグ、且つプロローグ

翌々月……サラリーマンからフリーランスとなった天真みちる。

「これを……世間では脱サラというのか……？」

それを言うにはあまりにも短すぎる期間だったかもしれない。

が、目の前に拡がる道なき道を切り拓き、責任を取りながら進もうと、深く決心したのであった……。

第二幕

第14場　フリーランス・天真みちるの誕生

鳥のように自由に空を飛び……とまではいかなかった

裸一貫で会社を飛び出した天真みちる。世間で言うところの脱サラをし、いよいよフリーランスとしての第一歩を踏み出した…………と言いたいところだが、実際は少し違っていた。

結論から言うと、会社を完全に退職したわけではなく、「業務委託」というカタチで契約を結び直したのだ。そこまでの経緯をかいつまんで説明すると、

①退職したい旨を上司へ相談
②上司、退職ではなく業務委託契約を勧める
③天真、上司の提案通り、業務委託契約させてくれと社長へ
④社長、受諾

①～④まで、割とテンポ良く進んでいった。だが……これは、そもそも社長と私の関係が「友人だったから」ということが大きい。

普通に私のことを全く知らない雇い主様とだったら、絶対にこんなにスムーズにはいかなかったということは重々承知している（その節は大変お世話になりました……）。

ほんでもって、これまた大変お恥ずかしいことなのだが、正直、「業務委託」の意味もよくわかっていないままの契約締結だった。かろうじてわかったのは、これまでサラリーマンとして会社で担当していた案件を、フリーランスになっても何件かそのまま担当する、ということだった。

こちらとしては、鳥のように解き放たれて光目指し夜空飛び立ったわけだけれども、さすがに今抱えている案件をすべて解き放って飛び立ったとしたら、上司の抱えている案件が飽和状態に達してまう！という、「どの立場で誰の心配してんねん」という気持ちでいたので、引き続き担当できるのならそれが一番良いと思った。

そんなこんなで業務委託として丸く（？）収まり、諸々の手続きを何とか済ませた。

……「何とか」という騒ぎじゃすまなかったので、内訳を。

というのも、フリーランスになる為の手続きまでは順調に進んだのだが、私の場合、

「業務委託」として完全に会社と離れるわけではなかった為、契約書に捺印し（なついんって読むんだ……ということを知り）、健康保険を国民健康保険へ戻し、捺印し、会社から支給されたパソコンや備品をお返しし、新たなパソコンを買い、現在進行形の案件の引き継ぎについて説明し、その他、ありとあらゆる届出に捺印を……。

とにかく手続きが多い！　多すぎるんじゃ！

次から次へと来る手続きの応酬に発狂しそうになるのをグッと堪えながら「何とか」済ませたのだった。

その後、自分のデスク周りを片付け（ドラマとかでよく見る、いろいろあって会社を去ることになった主人公が段ボールに粛々と仕舞っていくのを1人で世界観に入り込みながらやった）、すべての作業を済ませた。

そんなこんなでサラリーマンとしては最後の出社の日が来た。

音楽学校時代を含めて15年間在団していた宝塚歌劇団を卒業し、就職しサラリーマンになり、アシスタントプロデューサーという肩書を与えられてから約7か月。期間で見れば、前職からは考えられない程あっという間の出来事だった。

「短ぇ夢だったなァ……」

今後も様々な案件でお世話になるので、挨拶なども特になかったのだが、最後に社長から、「プロデューサーよりもクリエイティブの方が向いているので、今後はその能力を伸ばした方が良いと思う」と、アドバイスをもらった。

その日の帰り道……なんとも言えない気持ちが身を包んでいった。

「プロデューサーよりもクリエイティブが向いている」

そっか。私は、プロデューサーよりもクリエイティブが向いているんだ……。そっかそっか。

……ちょっと待ってくれ。

私は、私は……

そもそもプロデューサーがどんなもんなのかいまだによくわかっちゃいねぇ……。

イベントの企画と大まかなスケジュールと座組を考えたよ、あとは頑張ってね。がプロデューサー？　でも、自分が今までしてきたことは、すでに動き出したプロジェクトの現場監督のような立場が多かった気がする。

「結局……プロデューサーってなんだったんや……」

その問いの答えは見つけられないまま、私のサラリーマン人生は終焉を迎えてしまったのであった。

フリーランスたそのプロローグ

大量の反省点と消化不良を残しながら終わった天真みちるのサラリーマン人生。

「何かひとつでも、自分がプロデュースできたものって……あったのだろうか」

押し寄せる疑問に苛まれながらも、いつの間にか（深い）眠りについた。


２０１９年８月某日昼過ぎ、自宅にて。

久々の大寝坊をかました「元」サラリーマン天真みちる。

ゆっくりと身体を起こし、伸びをする。

「あ〜なんてゆったりとした１日の始まり……（昼だけど）」

そう思い、スーッと深呼吸をした。

その後こう思った。

「……昼?!?!　ヤバイ！　遅刻や！　会社に連絡しなk……」

ベッドから飛び下り、洗面所へ駆け込み、冷水でバッシャバッシャ顔を洗い、その後こう思った。

「え……しなくて良い……のか？」

その０・２秒後こう思った。

「しなくて……良いんだ！！！！！　フゥー↑！！！☆☆☆」

はやおきしてまんいんでんしゃにのらなくたっていいじゃないか
ふりーらんすだもの　みちる（みつを）

昨日までの「サラリーマンとしての自分とは？」という問いかけ、そしてフリーランスとして生きていくという不安は、巨大化したデイダラボッチ（『もののけ姫』）が風と共に山の彼方に去るが如く、脳裏から消え去った。

つまりは、

サラリーマンとしての手ごたえ＜早起きと通勤免除

ということだ。

手ごたえ云々かんぬんよりも、朝早起きして満員電車に揺られなければ、それでいい。それでええじゃないか！　ええじゃないかええじゃないかヨイヨイヨイヨイ！！！

この日「フリーランスたそ」としての人生は、ハイテンションのうちにスタートが切られたのであった……。

『こう見えて元タカラジェンヌです』はこうして生まれた

フリーランスとして最高の朝（昼）を迎えた私は、高まるテンションに身を任せ、ダンスなどを嗜んだ。

小一時間後……

『ＥＸＣＩＴＥＲ!!』を3回くらい踊り切ったところで気が済み（というか我に返り）、新しいパソコンを開き早速仕事に取り掛かった。

まずは新たなメールアドレスの作成に取り掛かった。自身のドメインを作り（ほぼ上司にやってもらった。ほんと……上司……神……）、取引先の方などに挨拶メールを送っていた最中……ふと、1件の依頼メールが目に入った。

それは、「エッセイを書いてみませんか？」という内容だった。差出人は……「左右社」という出版社。サラリーマンとして働いていた時に届いたメールだった。

当時、捌き切れていない案件が多く、「もうこれ以上抱えきれねえ！」とパニクっていたことに加え、「エッセイを書く」という、今まで受けたことのないオファーにどう応えて良いかわからず、返事ができていなかった。

フリーランスになり、少し思考回路にスペースができた今、そもそもなぜ私にエッセイの仕事を依頼したのか、その理由が知りたくなった。

「というか……大変長らくお待たせしすぎている!! 速攻で返事しなければ……!!!」

そんな訳で、大変遅くなったが左右社さんに返信すると、速攻でお返事が来て、そのまとんとん拍子に話が進み、数日後お会いすることになった。

そんなこんなで迎えた当日。

クライアントの方とのファーストコンタクトに単騎出陣するのは初めてだったので、少し緊張していた……のだが、左右社の担当さんはとっても優しく、私のおっっっっっっっっっっっっっっっっっっっっそい返信も聖母の如くお許し下さったので、速攻で心を開くことができた。

担当さんはまず、左右社について説明してくれた。

・主に取り扱っているジャンルは文芸書や人文書(人文書って何?)だということ

・左右社唯一の大ヒットは(ほんとにそう言ってた)文豪達が〆切について書いたエピソードをまとめた『〆切本』だということ(※当時)

……聞けば聞くほど、「なぜ私にエッセイを……?」という謎は深まっていくばかりだった。

「失礼ですがオファー相手をお間違えでは……？」

と発言しようと口を開いた瞬間……

左右社さん「実は、私、兵庫県出身でして」

……ほう。

左右社さん「逆瀬川（宝塚の2駅隣）が実家の最寄り駅でして」

……ほう……ほう?!

左右社さん「そんなこんなでタカラヅカが身近な環境にありまして」

……ほほう？？！

左右社さん「天真さんが在団中にお書きになった『えと文』を読んで、きっとエッセイ書けると思いまして」

……マ？


なんと、左右社の担当さんは、『歌劇』という、宝塚歌劇団の月刊機関紙の読者であり、その中の「えと文」という、花・月・雪・星・宙組の各組から1人ずつ選ばれた担当者が3か月続けて寄稿する連載の、当時の私の担当回を読んでいる……いうなればヘビー読者であった。

「そりゃあ、オファーしますわな」

一挙に合点がいった私は、その勢いのままにエッセイのオファーを引き受けていたのであった……。

第15場　書けるの？　書けないの？　どっちなんだい！

私の出した答えとは

フリーランスとなった天真みちるの元へ舞い込んだ「エッセイを書いてみませんか」というオファー。担当さんの宝塚歌劇団への熱意と愛にほだされた私はオファーを快諾(^^)

その後エッセイの大まかなテーマについての打ち合わせをした。

担当さんと話し合ううち、「私が宝塚歌劇団を受験してから卒業するまで」のエピソードを書くのはどうか、ということになった。

「なんかエピソードあったっけか……？」と、フワッと人生を振り返りながら、「ちなみに、文字数はどれくらいですか？」とフワッと聞いた。

すると担当さんは

「1話最低2500字で、増える分には構いません」

と答えた。

天真脳内「……あれは寒い冬の朝のことじゃ……受験資金を貯める為、雪の降り積もる山の頂へ巫女のアルバイト面接へと向かっにせんごひゃく?!?!?!」

受験生時代のエピソードがフワッと走馬灯のように浮かんでいた脳内に、突如「にせんごひゃく」というとんでもない数字が飛び込んできた。

以前、朗読劇の脚本を担当することになった際、1時間の作品で2万2000字ほど書く必要があった。

それから比べれば約10分の1ではあるが……自分のエピソードだけで、だぜ?

自分自身のエピソードで2500字も書けるんだろうか……。

思考回路はショート寸前だったが、表側は平静を装い、

「2500字ですね、はい……」

と答えた。

「ちなみに、何話くらい書いたらいいんですか?」

と恐る恐るフワッと聞くと、担当さんは

「24話くらいを想定しています」

と答えた。

にじゅうよんわ……!!!!!

ワイのタカラヅカライフオンリーストーリーで24話！　そんなに……そんなにエピソードあるもんかいな……！！！！

思考回路はショート寸前だったが、表側は平静を装い、

「24話想定ですね、はい……」

と答えた。

「ちなみに、期限とかってありますか……？」

と恐る恐るフワッと聞くと、担当さんは
「初回は1か月後とかでいかがでしょうか」

と私に問うた。

この時、私の思考回路はショート寸前というかショートした。

ショートした脳内で、

「おい！　オレの脳内。おい！　オレの脳内。さあ、やるのかい？　さあ、やらないのかい？　どっちなんだい⁉」

と、なかやまきんに君の声がこだまする。

1か月で最低2500字のエッセイを書ききるという経験などないし、1か月後の自分を想像してみるしかなかったし、想像もつかんかったし……。

でも、この先もやったことのないことに挑戦するという人生が待っているんだし……だったら……

天真「はい……やって……みます」

私は、2015年花組公演『カリスタの海に抱かれて』の鳳月杏演じたクラウディオと違わぬ抑揚と声色で返事をしたのであった。

その道の教科書

その日の帰り道……

やると返事してしまったことで、私の脳内は不安で埋め尽くされていた。

そもそも、この私がエッセイの仕事を請け負うなんて考えもしていなかった。確かに『歌劇』の「えと文」を書いてはいたし、宝塚歌劇団はお手紙文化も盛んではあった。けれども在団中、自分の想いは「演じること」でしか伝えられないと思っていたし、「どう演じるか」ということだけを考えて生きていた私にとって、「書いて」伝える技術など無に等しい。

誰かに手取り足取り教えて頂きたい……エッセイのお教室とかあるかしら？　今から行って習って1か月後までに習得&入稿できるかしら……？　いや、間に合わんかもしれない……。あとは何ができるだろうか……。教科書とか売っているかしら……参考書は……。

その瞬間、脳裏に『もものかんづめ』が浮かび上がった。そう。さくらももこ先生の。何故この瞬間まで思いつかなかったんだろう。私にとって、エッセイといえば『もものかんづめ』じゃないか……！　小さい頃から幾度となく読み返してきたじゃないか……！

そう気づいた私は走って家に帰り、そのまま本棚から『もものかんづめ』を手に取った。

今までただ純粋に「まるちゃんの記憶力スゲー！」などと思いながら読んでいたのだが、「書くこと」を意識してみると、「何が起きているのか」が目の前に見えてくるような文章、登場人物ひとりひとりが愛おしくなってくる描写の細かさなど……とにかくすべてが素晴らしすぎた。あまりの素晴らしさに本自体が発光しているような感覚に陥った。

……レベチ過ぎる。

自分ごときが「参考書」扱いしようとするなどおこがましいにも程がある。身の程をわきまえろよ案件だった。

私はそっと本を閉じ、瞳も閉じた。

「……とりあえず書いてみるか」

こうして私は裸一貫で臨むこととなった。

天上天真唯我独尊

とりあえず、〈私が宝塚歌劇団を受験してから卒業するまで〉に起きた、ネタになりそうな話を書き出そうと、机に向かった。

「やはり、まずは受験エピソードよね……！」

実は、この「受験エピソード」に関しては「鉄板ネタがある」という自負があった。すでに書籍が販売されているのでもったいぶらずに言うと、

「面接の時に〈30秒間自己アピール〉というお題が出され、当時NOコンタクトレンズで視力0・1くらいだった私はそのお題が読めず（見えず）、読解するのに25秒くらい使ってしまい、『自分は笑顔が良いと思っています！』的なことだけ言って微笑んだ」（詳しくは前作『こう見えて元タカラジェンヌです』を買ってちょ）という、それはそれは分厚い鉄板ネタだ。このネタは、今まで様々な現場で話してきた。

①音楽学校に入学した直後、同期に。
②花組に配属された直後、上級生の方に。
③入り待ち・出待ちの際にファンの方に。
④その他、どこでもかしこでも。とにかく初めて会う人へ自己紹介がてら。

そして、話すたびに必ず爆笑してもらえる、4割打者メジャーリーガーも真っ青になっちゃう打率の高さを誇るホームランネタなのである。

書きたいネタがくっきりと浮かび、自信満々になった私は

「早くこのネタを全世界へ届けたい！」

と、物凄い勢いで時系列順に書き連ねていった。

そして、一時間も経たないうちに「受験生鉄板ネタ」は書きあがった。文字数も最低ラインの2500ピッタリ位に収まっている。

「すごいじゃん自分」

自分の自信のあるネタである、という自信と、自分の自信のあるネタを書き上げることができた、という自信が重なり、ここ最近の人生で一番ノリにノっていた私は、

「今すぐ誰かに見てほしい。そしてホメてほしい……！」

という承認欲求にかられた。

そして直後、私は原稿をとある元タカラジェンヌの同期へ送り、感想を求めた。送信ボタンを押した直後から「返事まだかな？」とソワソワしながらスマホを確認する。そして36度見くらいしたところで同期から返事が来た。

同期「ちょっと〜！　サイコーなんだけど！！！！」

内心、（そうでしょうそうでしょう！！！）とドヤりつつ、

「……そう……か、な。(*´σー`)エヘヘ」

とブリっコお返事をかましました。

同期「このネタ知ってるのに、文字で見ても面白い！　その時のシーンが目に浮かぶようだよ！」

と、手放しでホメてくれた。内心、（コイツぅーワイが欲しい言葉全部言ってくれるじゃーん）と思いつつ、そのまま
「コイツぅーワイが欲しい言葉全部言ってくれるじゃーん」

と答えた。

煽られて完全に調子づいた私はそのままの勢いで左右社さんへ原稿を送った。そして奇跡的に左右社さんからも良い返事を貰い、第1話は想像していたよりもすんなりと入稿できた。

「我……文章書ける也」

すっかり自信が身体中にみなぎり、レッドブルいらずでツバサを授かった私は、天上天真唯我独尊へと変貌を遂げた。天上天真唯我独尊は優勝後のエキシビションさながら、ウ

イニングランをキメるべく、更なる承認欲求にかられ、会社から帰ってきた姉弟に原稿を見せた。

天上天真唯我独尊「さあ！　我を褒めよ！　褒めたたえるのだ！」

そう思いながら顔色をうかがう。すると……

姉弟「ぶっちゃけ、これじゃなんについて話してんのかあんまわかんないんだけど。説明不足じゃね？」

と吐き捨てるように言われた。

……

……

……Pardon me？

教えてテルミー

天上天真「…………セツメイブソク？」

自分の耳を疑った。

5分前に同期から、「そのシーンが目に浮かぶようだよ！」と言ってもらったのだが？

姉弟「こっちはタカラヅカに詳しくないんだし、想像つかないんじゃない？」

天上天真「…………！！！！」

凄まじい「正論」の衝撃波が天上天真を襲い、そのあまりの凄まじさに、脳内にT.M.Revolutionの『WHITE BREATH』が鳴り響いている。凍えそうになりながら、ふと、かつて母親に言われたことが脳内にリプレイされた。

ある日、家族で「タカラヅカ・スカイ・ステージ」（タカラヅカ専門CSチャンネル）を見ていた際、母親が

「タカラヅカの人って、自分達だけで話進めるよねぇ」

と何気なく言ったあの時のことを……。

天上天真「ソウダッタ。タカラジェンヌタチハミナ、セツメイガアマリタリヌソンザイデアッタ」

これは、タカラジェンヌあるあると言っても良い。

専門チャンネルの「スカイ・ステージ・トーク」（現在公演中の作品についてトークする番組のこと）などで特に露呈しがちなのだが、タカラジェンヌ達は時々、

「私のことを応援して下さっているのならば、上演中の作品についての予習も、勿論、して下さっていますよね？」

というスタンスを取ってしまう時がある……。

そして、この問いかけの返答は、「はい or イエス」しか求められていないのだ（私調べ）。

これは、タカラジェンヌ達が基本的に何事にも「ストイックである」ということが原因だと私は睨んでいる。

次回作品が発表され、例えばそれがオーストリアが舞台の作品だったりすれば、タカラジェンヌ達は休み中に現地へ出向き、本場の空気を吸い、役作りに活かす（※コロナ以前は）。

また、再演ものであれば、過去の作品すべてを何度も見返すし、原作物であれば原作小説を読み漁り、資料もできる限り探し回る。そんな日々を目の当たりにしているファンの方々にも、少しずつ「ストイックさ」が伝染し、例えば私が卒業した時の作品の舞台が天草だった時は、劇団に届く手紙の中に「天草四郎ミュージアムのパンフレット」を同封して下さる方が何名もいたほど。その他にも、役作りに活かして下さいと様々な資料を同封して下さった。

話が長くなってしまったが……まあ、つまるところ、タカラジェンヌ達は、基本的に「自分の話を聞いて下さる方々は、自分以上に自分の気持ちを理解してくれているはず」という思いが強い。

でもこれは、「在団時」に限る話だ。

卒業した今、私は「タカラヅカを大好きな人」だけではなく、「タカラヅカを知らない人」にも届けられる表現をしたい。その為には、今の内容では圧倒的にセツメイブソクなのだ。

一身にホワイトブレスを浴びた天上天真は、正気を取り戻し、ただの天真に戻った。

そんな天真に姉弟は更に続けた。

姉弟「てか、みちるの文ってさ……」

ただの天真「みちるのぶんって……？」

姉弟「みちるがどう思ったのか全然わかんない」

ただの天真「……わたしが、どうおもったのか……」

今の私の文章は、受験時に起きた現象の箇条書きであって、そこに私の感情がない。更には何が起きているか説明が圧倒的に少なく、「読む人」を最初から限定し過ぎているのだ。

ただの天真「我……文章全く書けぬ也」

なんにも書けていなかったのに、書けている、と思い込んでいた自分が恥ずかしかった。自分のうぬぼれの高さと、それに見合う実力のなさに気が遠くなった。

今のままの原稿は世に出せるもんじゃない。世に出しちゃいけない。辞めよう。いっそこの話はなかったことにしようか……。頭の中で緊急会議が行われ、一点を見つめながらNO瞬きで10分ほど立ち尽くした。

10分後……

「これは、アレをやるしか……ない」

静かに覚悟を決めた私は、一点を見つめたままおもむろにスマホを取り出し、左右社さんへ電話をかけた。

天真「お疲れ様です」
左右社「お疲れ様です。先程は原稿ありがとうござ……」
天真「先程お送りした原稿ですが……削除して下さい」
左右社「え!?」
天真「あのままじゃ駄目なんで書き直します。さっきのはなかったことにして下さい」
左右社「え…………え!?」
天真「あのままじゃ……駄目なんです」

左右社「え……は、はい……」
天真「なので書き直します」
左右社「あぁ……はい、承知しました。もう少しお待ちしますね」
天真「ありがとうございます。それでは（ガチャ）」

お気づきの方もいらっしゃると思うが、この会話でもマジで圧倒的セツメイブソク（にもかかわらず、左右社さんは御理解下さり、待って頂けることになった。マジ感謝）。
そんなこんなで……「〆切ギリギリでさっさと入稿してくれないと困る！」という状況下にもかかわらず、原稿を書き直していった。
まずは大前提として、私が在団していた「宝塚歌劇団」とは、どういうところなのか。受験生の生活はどんなものなのか、どれくらいの倍率で受かるものなのか、受験生達はどんな心持ちで受験に臨むのか……そして、「そんな中、私はどう思っていたのか」。気づいた部分に説明や感情をもの凄い勢いで書き加えていった。というか、最早「手当たり次第」だった。

数日後……

説明と自分の思いをこれでもかと詰め込んだリメイク版第1話が完成した。ふと、文字カウントを確認すると、総文字数が軽く「1万字」を超えていた……。

「まだ序章なのに……壮大すぎやしないか？」

そう懸念しつつ、再び左右社さんへ送った。

数分後、「前回よりもめちゃくちゃわかりやすいです」とお返事を頂けた。

左右社「ただ……」
天真「ただ……？」
左右社「さすがに長すぎるので分けましょう」
天真「……前編後編って感じですか？」
左右社「いえ、3回に」
天真「3回！」

1か月前、「自分語りで2500字も書けるのかなあ」と心配していた自分に言ってあげたい。

「アンタ、1回の入稿で3話分も自分語りするゾ」

と……。

こうして、「天真みちるの、天真みちるによる、天真みちるの為の自分語り」の連載がはじまった。タイトルは『こう見えて元タカラジェンヌです』。

これは、私が宝塚歌劇団を卒業し、サラリーマンとして働いていた7か月間、名刺交換の場で必ず口にしていた自己紹介文句。この自己紹介を、今後、もっともっと様々な場所でできるように願いを込めて……。

第16場　フリーランス・テンマの日記～自由と地獄の輪舞曲～

テンマの日記～ネバーエンディング・デスマーチ～

（BGM／世にも奇妙な物語）

あなたは地獄に落ちたことはありますか。

あるわけないですよね。地獄に落ちるということは、死んだも同然なのですから。

それでは、地獄を「見た」ことは……？

これからご紹介するのは、度重なる番狂わせの中で地獄を見たという、1人のフリーランスの日記です。

地獄への扉は、あなたのすぐ側にひっそりと開いているのかもしれません。

（SE／日記のページを捲る音）

※この物語は半分フィクション・半分創作であり、登場人物・団体名などは半分フィクション・半分架空のものです。

テンマの日記～プロローグ～

２０１９年・夏

勤めていた会社と契約変更し、フリーランスになった私は、フリーランスの「フリーさ」を堪能しまくっていた。

朝は好きな時間に起きて良い。通勤しなくて良い。平日でも気分がノらなかったら、勝手に記念日を創っちゃったりして突然休日にしちゃったりしても良い。フリーサイコウ♪

そんな風に思いながら仕事をする毎日。良いことしかない！と思っていた。

……が、ただ一つ、ずっとまとわりついている不安があった。それは……

「この先、いつまで仕事を依頼してもらえるのか」

ということ。

その頃に請け負っていた案件は、前会社からの発注が数件と、フリーランスになって請けることになった『こう見えて元タカラジェンヌです』の執筆……のみ。前会社案件は出演など単発のものがほとんどで、クリスマスを迎える頃にはすべて終了している。そしたら……

「来年は……職なし……か？」

身震いがした。

会社に勤めていた時は、たとえやりたくなくても案件が山のように積もり、日々翻弄されていた。だが、フリーになった今、「案件という山自体を自分自身で作る必要がある」ということを、イヤという程実感していた。「自由への喜び」と、「漠然とした不安」がせめぎ合う日々を過ごしていく中で、少しずつ不安の要素の方が大きくなっていく……。そんな不安をかき消す為、私は営業を重ね、片っ端から案件を受けていった。

脚本、演出、出演、余興芸人、ＭＣ、中には「何故これを私に……？」というようなオファーもあったが、会社という組織の窓口ではなく、「天真みちる」という一個人事業主の、小さな小さな窓口をわざわざ選び、依頼して下さっている……その恩を無駄にしてはいけない。そんな思いも相まって、ほぼすべての案件を受けることにした。

その結果、来年の春先まで案件に恵まれることとなった。隙間なく埋まるスケジュール帳を眺め、満ち足りた感覚に浸る。仕事は、ないよりもありすぎるくらいの方が良いに決まってる！

でも、この時はまだ知らなかった……自分が、とんでもない地獄の入り口に立ってしまったということを……。

案件Ａ（脚本）その１

２０１９年・秋／脚本執筆

前会社案件。先月からプロジェクト開始。この作品の脚本を担当する際、先方は「脚本と言えど、ゼロイチというわけではありません。過去に上演した原作があるので、今回出演するキャストの個性に合わせて適宜アレンジしてもらえば良いと思います。まあ、言うなれば脚本協力という感じ」

というようなことを仰った。

これまで書いてきたものは、1時間の朗読劇の脚本と20分の朗読劇の脚本のみ、という「乏しすぎる実績」の私に、舞台公演の脚本協力の打診をして下さる……。とても光栄な気持ちで、私は脚本を受け取った。物語の「芯」は変えずに、「登場人物」に「出演するキャスト」の個性や、事務所の戦略イメージを落とし込んでいく。

すると「これを演じる〇〇さんがこんなこと言うかなあ」「こんなことに気がつかない〇〇さんって……ニブすぎ？」など、セリフ一つ一つに対して毎回「これでいいのか？」という疑問が付きまとってくる。一つ直せば前後に小さな「歪」ができる。それを直すとまた別の場所に歪が……一生終わらないワニワニパニックをしているようだ。

ホントにこれでいいのか？　このまま提出してＯＫがもらえるのか？　なにかがずっと後ろ髪を引っ張ってくる。

案件B（脚本・演出）その1

2019年・秋／打ち合わせ

以前上演した作品の再演。前回が好評だったみたいでとても嬉しい。再演なので脚本を一から書く必要はないが、キャスティングや舞台機構が変わるので修正が必要。どれくらいの時間を要するかわからんけど多分1日くらいでできるだろう。

案件C（イベント構成・企画）その1

2019年・秋／打ち合わせ

出演者の方の歌ってみたい曲、チャレンジしてみたいこと、逆にこちらが見てみたいと思うナンバーやシチュエーション、衣装などについて意見交換。沢山アイデアが出てくる。お話ししていてとても楽しい。あとは私がしっかりと構成に落としてまとめる。どれくらいの時間を要するかわからんけど多分1日くらいでできるだろう。

案件D（MC）

2019年・秋／本番

今まで何回かさせて頂いたが、MCはかなりエネジィを要する案件だ。イベントのテーマ、ゲストの方のプロフィールなど、予習すべき点は多々ある。
トークは掘り下げていきたいが、予定時間をオーバーしてしまうとゲストの方々のその後のスケジュールに支障が出てしまう。そうなると関係者さん方の眉間にしわが寄る。そのしわはメンタルにこたえる……ので絶対に時間通り終わらせたい！

……のに5分オーバーしてしまった。

終演後オーバーアクションで時計を見る関係者さん達。

……つらみ。アルコールほしみ。こんやもひとりのみ。


案件E（『こう見えて元タカラジェンヌです』）

２０１９年・秋／エッセイ執筆
今までどんなことがあったか、その中でどんなことを知ってもらいたいか。自分の気持ちと読み手のことを思い浮かべながら書いていく。他の案件に比べて割とスッとアイデアが浮かんでくる。こんなことあったよな……と思い出し笑いする。
思い出を推敲するのは癒しなのかもしれん。

案件Ａ（脚本）その2

２０１９年・秋／第1稿提出〆切

……正直、ここまで「これでいいのかな」と思いながら提出したものはない。高校の頃全く試験勉強せずに受けた期末試験よりも手応えがない。めちゃくちゃ不安。怖い。眠れない。寝るけど。

案件Ｂ（脚本・演出）その2

２０１９年・秋／打ち合わせ

打ち合わせの結果、「役替わりシステム」を導入することになった。とってもいいと思う。いろんな役にチャレンジしていろんな経験値を積んでもらいたい。となると演じる子達の個性や人柄に合わせて、少しずつ演出を変えていった方がより違いが生まれて見る方も楽しめるはず。

そう思った後、パソコンと睨めっこ。枝葉のように分かれていく変更箇所を脚本に落とし込んでいく。……誰だ！「どれくらいの時間を要するかわからんけど多分1日くらいでできるだろう」とか言ったのは！　そんなわけないわ。めっちゃ時間かかるわ。

「できるだろう」は、できないことの方が多い！！！

そう肝に銘じた。

案件A（脚本）その3

2019年・秋／打ち合わせ

……結果は散々だった。

自分が不安だと感じた箇所、更には全く注目していなかった箇所も不意打ちで細かく訂正されることになった。「ですよね」と思うこともありつつ「マジで？」と思うことも正直あった。でも、言えるワケない。

相手側の求める「正解」を提示する。それが、今の私がしなければならないことだ。

案件F（イベント出演）その1

2019年・秋／打ち合わせ

来年に控えた自分のイベントで朗読劇をやろうという話に。脚本の掛け持ちがどれくらいできるのかはわからないけど、上演時間は短めだからなんとかなるだろう。

なんとかしなければ。内容を考えなければ……。

案件A（脚本）その4

２０１９年・秋／脚本執筆

……正直どうすれば良いのだろう。「正解」が汲み取れない。何を書いても違うと言われそうだ。

脚本は地図みたいなものだ。私がしっかりと目的地を示さなければ、路頭に迷う。しかも、私だけが迷うんじゃない。この後この本を受け取る演出家が、キャストが、この作品を見に来られるお客様が。全員が路頭に迷うことになる。だから直さなければ。１週間後に会議が待ち受けている。

案件F（イベント出演）その2

２０１９年・冬

今この脚本を書く時間は正直……ない。

案件A（脚本）その5

２０１９年・冬／打ち合わせ

今日も訂正が山のように積みあがった。かろうじて通っている芯の周りにつぎはぎのように貼り付けては剥がされる訂正。私が伝えたいと思った表現を、私が伝えられていない。表現力が乏しい。説得することができない。悔しい。

先方に、今日の打ち合わせで出た意見をすべて脚本に落とし込んできてと言われる。家に帰り脚本を直す最中、表現に対する否定的な意見が、自分自身の否定かのように思えてくる。

これまで、強めのダメ出しをされたことは何度もある。トゲのある表現だなあと傷つくのではなく、何を伝えようとしているのかトゲの中から探すということを十何年続けてきた。だから、多少のトゲには耐性がある。

……つもりだったが、日々静かに心の中に何かが確実に積もっていった。

それに気づかないように酒を呑む。呑む呑む。トゲをつまみに酒を呑む。そして直す。

案件B（脚本・演出）その3

２０１９年・冬／ステージ下見と打ち合わせ

本番の会場は想像よりもかなり広く、客席からの見え方にも問題があることが分かった。演出をもう少し練り直す必要がある。

案件Ａ（脚本）その６

２０１９年・冬／脚本執筆

脚本を直しながら、過去の自分の行いを思い出す。

タカラヅカ在団中、稽古の集合日に製本されていない状態の脚本を配られ、持った瞬間に手のひらに感じる薄暖かさに

「まだ暖かい……刷りたてのようだ」

などと笑いながら受け取っていたあの頃の自分の表情を。

今思えば、先生方も稽古の始まるギリギリまで「自分の納得のいく作品」を作ろうともがきあがいていたのだろう。もがきあがいている今、それを痛感している。私にとっての納得のいく作品とは……。

案件Ａ（脚本）その７

２０１９年・冬／打ち合わせ

第10稿の確認。言われた通り直した……はずだったが、全否定。私のワープロを通して文字に起こしてみると駄作になるんか？

教えてくれ、教えてくれ。

神よ、我にこの物語の正解を教えたまえ。

そして……メリークリスマス。

案件F（イベント出演）その3

2019年・年末
今日もこの脚本を書く時間はない。見送り。良い御年を。

休日

2020年・ハッピーニューイヤー
新年を迎えた。ビックリするほど状況は何も変わらない。

いや、変わった。体力がゼロを下回った。地元の神社の石段を、姉弟が軽やかに上る中、恐ろしいほどに息を荒げながら1段ずつしがみつくように上った。

なんとか上り切った後、

「あれはあたしんだよ！」

……そう言いながら神社のベンチに座る。さながら荒地の魔女（『ハウルの動く城』）だった。

案件Ａ（脚本）その8

２０２０年・初春／打ち合わせ

1週間後に迫る〆切。ドンドン追い込まれていくメンタル。提出した日の夜だけ少し気が晴れて、次の日の打ち合わせで直されて、また「考える」1週間がきて……

♪今日も……1日を生き延びた
　終わることなき原稿よ
　〆切達はまたオレを追いかける　明日も

心の中でオレのジャン・バルジャン（『レ・ミゼラブル』）が歌う声がする。

♪明日にはわかる先方の御心が
　朝が
　明日が
　くれば……

案件C（イベント構成・企画）その2

２０２０年・初春／構成考案

相手側の意見だけを取り入れても仕事の意味がない。なんの為に自分が構成に入っているのか。私にしかできない表現方法を突き詰めろ。

案件A（脚本）その9

２０２０年・初春／打ち合わせ

なんとか決定稿に。鎖から解き放たれたようだ。ここからキャストへ配られる。

……どう思われるだろうか。

先方は、胸を張って良いよと仰った。

でも……すみません。正直今は……不安な気持ちの方が大きいです。

案件F（イベント出演）その4

２０２０年・立春

今日イベント本番なんだが。脚本……まだ何も書いてないんだが……書くしかないんだが！　うおお！　頼む！　持ってくれ！　オレのカラダ!!　開演30分前になんとか書き上げ、ぶっつけ本番。

……なんとか終わった。

楽しかったと言って下さるお客様の言葉を、素直に受け取れない自分がいた。

……もう二度と、こんな思いはしたくない。しちゃいけない。

テンマの日記～エピローグ～

2020年・立春

今後の人生を心穏やかに過ごしたいと思って増やした案件が、ディズニー『魔法使いの弟子』の切り刻まれた箒のように、キャパの限界を超えても大量の水を注ぎこんでくる。その大量の水に、呼吸することもままならなくなってしまった。

どうしてこんなことになったのだろう。

「演じる」だけではなく、「創る」ことの過程や仕組みを知りたい。そう思ってタカラヅカを卒業した。その好奇心は「書く」「出る」「教える」と、網目状に多方面へ向かった。

そしてフリーランスになり、今後の不安も抱え、目の前のすべての案件に手を出した。

でも、私はとても大切なことを考えていなかった。それは……「作品を完成させるまでに必要な時間」だ。

スケジュール帳に記載されているのはすべて「本番」の日程だけだった。本番を迎える為には「準備」が必要だ。特に、「書く」というキャリアをスタートさせたばかりの自分は、1本の完成までに割く時間と、それにどれほどのパワーを要するのか、それがわかっていなかった。わかっていないから、考えもしなかった。頭の中に浮かんでいるアイデアを、誰が読んでも共感し、理解される文章にして書くなんてこと、簡単にできるわけないのに。

「やりたい」と、「やる」は違う。それを理解する頃には、もう、自分の手には負えない程の案件が溢れかえっていた。今日はコレ、明日はアレ、明後日はソレ……日々追われるように仕事をする。その都度「これでよかったのか」という不安がつきまとう。その不安に対する「正解」を求めるように、ありとあらゆる方法で、自分の関わる作品の感想をサーチした。

喜んで下さっているコメントもある中、酷評ばかりに目がいってしまう。そっちの方が、自分が抱えている不安に近いからなのかもしれない。

……そう気づいた時、史上最大のアンチは自分であることがわかった。

作品の完成を人任せにしたツケはトゲになる。酷評は、トゲとなって静かに心を刺していく。

……痛い。

頭の中のアイデアを文字化できない自分の表現力の乏しさに。背負うべき責任としっかりと向き合わなかった自分に。

申し訳ない。本当にくやしいくやしい……

ひとりになりたい……


（BGM／世にも奇妙な物語）

日記はここで終わっています。彼女は一体どうなったのか。

それは……次の話でわかるでしょう。

第17場　ジャーニーオブ断食道場

小さな旅

竜宮づくりの門を抜け、歩いた先に広がる青の世界。頬を突き刺す冷たい風。寄せては返す波。

私は、江ノ島にいた。

精神的にも物理（肉体）的にも、今までに感じたことのないキャパオーバーを迎え、ひとりになりたくて。とても短い間に人生の分岐点が１００箇所くらい現れたような感覚だった。そしてすべての選択を間違えたような。後ろ髪をひかれ続けながら全力疾走することに限界がきてしまったのだ。

なにも考えず、ただひとり静かに寄せては返す波を見つめる。

しかし数分後、私は立ち上がり、江の島の奥へと歩き出した。そう……真の目的地は他にあるのだ。痛手を負った精神と物理……どちらかというと問題は「物理」の方だった。

飲み込めない事情を飲み込む為に、忘れたくても忘れられぬしんどい思い出にモヤをかける為に、毎晩アルコールを摂取した２０１９年。気づけば一晩で飲み干すアルコール量もうなぎのぼりになっていき、最終的には優勝力士がセレモニーで持ってるあのすっげぇデカいやつくらいは、かるく飲み干していた。

そんな日々がたたり、私のフィジカルは荒地の魔女と化した。それでも新年のご挨拶をと、荒地の魔女はインスタグラムを更新した。

しかし、その投稿に寄せられたあるコメントに度肝を抜かれたのだ。

コメント「天真さん、お太りになられましたか？」

……泣きっ面にオオスズメバチだった。

「お」を付けて低姿勢でお聞きになってはいるが、真っ正面から太ったという事実をぶつけてきている。そんなんなら「お」なんていらない！　「お」なんていらないよ！！！！！

……グスン。

メンタルを立て直そうとしてアルコールにまみれ、それがまたメンタルをえぐる。なんじゃこの負のスパイラルは！　どうしよう、このままじゃ……

「このままじゃ……いろんな意味で死……」

命の危機すら感じた私は、ひとり、江の島にたどり着いた。寄せては返す波を見て心を落ち着かせる為……だけじゃない。血中に流れこんだアルコールをすべて抜ききる為にも、私は……江ノ島の断食道場へ来たのだ。

「今日から1週間……よろしくお願いします」

パワースポットってこういうところか

基本的に口にしていいのは水、野菜ジュース、黒糖、梅干しの4つ。

野菜ジュースは1日1本、ヤクルトのミルミルみたいなちっさい方の紙パックのサイズ。黒糖は眩暈がした時などに少量かじってよしとされている。食べ過ぎないように小さな瓶に小分けにして渡される。梅干しも基本1日1個。これが、道場の掟。それ以外の掟はない。瞑想するもよし、ヨガするもよし、書き物や事務作業をするもよし……そんな、スケジュールフリーの道場に私は、ノープランで来た。

逃げるように江ノ島を目指して来たので、現地についてから、滞在する準備を全くしてきてないことに気がついた。なのに、滞在期間は1週間。

「え、なにしよ？」

何かをしようとしても、何かをする為の何かがない。それでも何かしなければ何もすることがない。小一時間程考えても何をするか全く決まらなかった。

「仕方ない……歩くか……己の足が止まるまで」

私は海岸沿いを歩き始めた。目の前には、ひたすら続く水平線が広がっている。

「視力回復しそう……」

ザザン……ザ……ザザン……ザパーン……

平日の冬の海岸は波と戯れる親子連れもあまりいないので、寄せては返す波の音がダイレクトに聞こえてくる。

「……耳も良くなってきた気がする……」

限りなく広がる水平線、永遠にリフレインする波ＢＧＭ……この状況が……ひたすら続く。

天然のヒーリング環境の中、一歩一歩足を進める。その最中、頭の中で静かに、己と向き合っていった……。

己との向き合い

「これから自分は……どうしていきたいのだろうか」

タカラヅカを卒業してから激動の約1年半だった。サラリーマンになったかと思えば脱サラしてフリーランスに。在団中より忙しく過ぎ去る毎日。その間に関わらせて頂いたひとつひとつの案件について思い返していった。

「出演すること」

人生の中で一番長く続けてきたことだから、「何をすれば良いのか」自分の頭で考えられる部分も多い。ただ、出演するイベントの台本や楽曲を覚えるのは、続けてきていても多少の時間を要する。そして本番後はハイになっているのでなかなか寝つけない。その結果、次の日は灰になっている。

でも、このキツさは、過去に体験したことがある、いわゆる「知ってる疲労」の範疇なので精神は擦り減らない……問題はスタミナが年々減っていることだけだ。

「企画書・資料作成」

表現者を生業としていた自分は、「だまってオレの表現を見ろ！　オレはこの表現にすべてをブツける！」というような意気込みで生きてきた。この意気込みが、企画書作成時に、「詳しくは……お・た・の・し・み♪」みたいな嫌ぁ〜な感じで滲み出てくることがある。そんな企画書に誰が賛同すんだって話。

かといって片っ端から説明していくと恐ろしいほどのボリュームになるし、提案する相手の「部署」によって、掘り下げてほしい箇所は違うし……。

作り続けて痛いほどわかったが、万人が理解でき、納得し、賛同したくなる企画書を作ることは……マジで難しい。


「脚本執筆」

自分が書き手としてどんな作品にしたいのか。そしてそれがきちんと演者とクライアントに届いているか。この力が弱かったから、メンタルだけが疲弊していった。

脚本を書くことで、その作品を褒めてくれる人もいた。けれど結局その褒め言葉は、作品ではなく
「元タカラジェンヌが脚本も書けるなんてすごいね」

という部分にかけられたものなのだと思う。……本当に本当に悔しい。

宝塚音楽学校の試験に落ちた時よりも、在団中小劇場公演の選抜に落ちて3か月間休みだった時よりも、セリフを忘れて棒立ちになった時……よりも。自分が生きてきた中で一番悔しいと思える出来事だった。

こうして思い返してみると、どの分野も自分には向いていないない気がする。でも、だからこそ、このままでは辞められない。

「チカラを付けるしか……ねェんだ」

冬の海岸を歩き続けて1時間半……由比ヶ浜でひとり、拳を固く握りしめた。

1週間かけて自分を見つめ直すつもりが、断食1日目にして割と覚悟が決まってしまった私はその後、すべてのベクトルを「断食」に向けた。

食への想いの断ち切れなさに苦しみ、お腹の鳴る音をＢＧＭに、腹が減りすぎて眠れぬ夜を6度体験し、空腹で嗅覚が研ぎ澄まされ過ぎて野菜ジュースに入っている野菜をすべて当てられるほどにまで鋭敏になり、黒糖の美味しさを再評価し、梅干しの紫蘇の必要不可欠さに目覚めるなどした。

そして迎えた出門の日。

「1週間ありがとうございました」

私は竜宮づくりの門に深く一礼し、元の世界へと歩き出した。

令和の浦島太郎

完全回復した私は、断食道場から仕事部屋へ戻ってきた。

「これまでの反省を活かし心機一転、案件へ取り組むゾ……！」

意気込んでメールの確認を始めた。すると、春に開催を予定していたディナーショーの制作さんからメールが来ていた。

「件名　ディナーショー開催についてのご相談」

「ごそうだん？」

メールを確認すると、中国で発生した感染症が蔓延し、日本人の感染者も増えてきている状況に鑑みて、落ち着くまでショーの開催はできない、というような内容だった。そう……新型コロナウイルスが猛威を振るい始めたのである。断食道場に行く前は海の向こうの話だったのだが、帰ってくる頃には大問題になっていた。

「え……ワイ、マジで竜宮城にいた？」

リアル浦島太郎やんけ……！などと思っている間に、世界中でパンデミックの脅威は拡がっていった。

飲食店の閉鎖、相次ぐ公演自粛……自身の仕事に至っては、次々と案件がコロナを理由に中止、もしくは延期になっていく。

そして……

3月末、日本は……静寂に包まれた。

第18場　静寂の中で生まれたもの

断食道場から帰ってきたら日常がなくなっていた件

２０２０年初春。夏のオリンピック開催へ向けて活気づく日々の中、「それ」は突然現れた。「それ」は瞬く間に世界中に広がり、猛威を奮い、「脅威」となった。今まで当たり前だと思っていた、「誰かと話す」行為が「命を奪う」ことにつながる。だから、「自粛」する必要があった。「誰かと話す」機会を減らす為に、「不要不急」の範囲で「誰かと会う」ことが自粛され始めた。

はじめのうちは、「まあ、いうても1か月位我慢すれば元に戻るよね」と、楽観視していた……が、1か月経っても事態は収拾されず、段々と「不要不急」の範囲は広がっていった。

予定していた仕事が次々と延期になっていった。テレビのラインナップが再放送ばかりになっていった。仕事終わりに営業している飲食店がなくなっていった。

そして……楽しみにしていた雪組公演『ＯＮＣＥ ＵＰＯＮ Ａ ＴＩＭＥ ＩＮ ＡＭＥＲＩＣＡ』の観劇前日、突如公演中止が発表された。

「一体何が起きてるというんだ……!?」

ここに来て初めて「ただごとじゃない」と感じた。というのも、宝塚歌劇団の公演が止まるなんて……ありえないからだ。

私の在団中、東日本大震災が発生した。当時、ライフラインが奪われ苦しむ人々の気持ちを汲み、様々なイベントが「自粛」されていった。

でも、その中で宝塚歌劇団はいち早く公演を再開させ、タカラヅカの観劇を心の支えにして生きている方々へ「公演という希望の光」を届けていた。

自分自身も、当時の、並々ならぬ想いで公演再開へ挑んだ日々のことは鮮明に覚えている。だからこそ、タカラヅカが公演を自粛することなどありえないと思っていた。

しかし、公演は止まった。「不要不急」の範囲は、「公演」と「観劇」のどちらをも飲み込んでしまったのだ。

私は突然、哀しみの淵に突き落とされた。卒業してからこれまで、全5組の公演をほぼすべて見逃すことのなかったこの私が……のぞ様（当時の雪組トップスター・望海風斗《のぞみふうと》様）の公演を観られない、だと……？　ありえないんだが！　意味わからんのだが！　……ありえないんだが!!

どこにもぶつけられない哀しみを胸に、翌日は横浜でのアパレル販売の仕事へ向かった。向かう途中で今日の仕事内容についてＳＮＳで呟こうとスマホを操作する……が、「こちらとしては『仕事』でお店の販売員として店頭に立っている……でも、洋服を買いにいくという行為は『不要不急』なのだろうか……」

そんな問いが生まれ、スマホを打つ手が止まった。

受け取る側によって「不要不急だ！」と思われるかもしれない行為を呼びかけることは……私にはできなかった。

そうこうしている間にも、パンデミックの勢いは増していく。世界中で悲しい出来事が相次ぐ。「不要不急」の範囲はどんどん広がっていく。「自粛」は自分の判断で行うものではなく、「要請」されるようになっていった。

そして……新年度を迎える頃、緊急事態宣言が全国へ向けて発出。「外に出ること」は、ほぼ不可能になった。

不要不急、とは

２０２０年4月はじめ。自宅から一歩も出ない生活が始まった。

この生活は自分自身にとっては……ぶっちゃけ、悪くはなかった。一身上の都合とかじゃなく、合法的に毎日休めるなんて。今日も明日も明後日も、朝から晩まで覚者としてポーンと共にゴブリンぶっ倒し続けて良いなんて。突然の長期休暇を棚ぼたで貰えたような気がした私は、この状況に速攻で馴染み、速攻で休みを謳歌していた。

しかし、1か月を過ぎた頃……昨年の夏に感じた不安とはまた別の不安が私を包み込んでいった。

……正直、ここまで「先の見通せない闘い」になるとは思ってもみなかった。

請け負っていた案件はほぼすべて「無期限延期」になった。事実上の無職……になりかけていた私だったが、『こう見えて元タカラジェンヌです』の連載だけが緊急事態宣言下でも奇跡的に続いていた。ライフラインとなった連載の存在に深く感謝しつつ、その割には〆切前日にほぼ一夜漬けで書いて送り、次の日泥のように眠るというデンジャラスな日々を繰り返していた。

そんなデンジャラスな日々の中で、「開店休業の危機」に瀕した、ＭＯＳＴデンジャラスな案件があった。

それが……「観劇ライフを楽しむオンラインサロン」だった。

自身のライフワークでもある「舞台観劇」を、同じ志を持つ方々と「一緒に」楽しむ。

そんな趣旨のもと、2020年1月にオンラインサロンをオープンした……のにもかかわらず、わずか3か月足らずで、サロンを運営していくうえで大前提となる、「舞台公演」自体がなくなった。こんなこと、一体誰が想像できただろう。

「舞台公演」が中止になる直前、様々な意見がネット上で飛び交った。観劇を生きて行くうえで必要不可欠と考える人もいるが、そうじゃない人もいることを改めて思い知る。もちろん、私も観劇は生きて行くうえで必要不可欠だと考えているけど、そのせいで混乱を招きたいわけじゃない。

家の中でただ1人悶々とそんなことを考えていると……スマホが光り、1通のメッセージを受信した。

「もう、どう頑張っていったら良いのかわからない」

液晶にはそう、映し出されていた——。

静寂の中で

差出人は同期のタカラジェンヌだった。近況報告や普段の他愛もないことなど、なんでもコンスタントに連絡を取り合う仲で、このような状況下になっても、「先の見えない闘いだけど、必ず舞台の幕は上がると信じて頑張ろうね」と、互いに支え合える存在だった。

しかし、出演する公演が開催延期になり、やっとの思いで初日を迎えた直後に公演中止になり……何度も何度も迫りくる試練に、とうとう何かが折れてしまったのだと思う。私には、かけるべき言葉が見つからなかった。

タカラジェンヌ達の人生は、ゴールのないマラソンのようだ。一つの作品の公演期間が終われば、少々の休憩を挟んだ後すぐに次の作品の稽古が始まる。

初舞台というスタートを切り、卒業というゴールを自分で決めるまでの間、ほとんど「立ち止まる瞬間」がない。終わらないマラソンの中で、いつだって「ステージの上から夢を届ける」為に日々努力し続けている。

でも、ある日突然「立ち止まらなければならない瞬間」が訪れた。再び走り出していい、と言われるのがいつなのか、誰にもわからない。

立ち止まっている間、誰とも会ってはいけないという過酷なルールを強いられ、すぐにでも走り出したい気持ちを押し殺しながら、1人で過ごす。きっとこの間に、ほぼすべてのタカラジェンヌが、半強制的に己と向き合うことになったのだろう。

来る日も来る日も己と向き合い続けて、様々なことを思いながらも自分自身にエールを送り続けて、「公演再開」という明るい未来を目指して頑張ってきたのに、突然「公演中止」が言い渡されて。また、己と向き合って……。

私が在団していた時とは全く違う角度からの試練が、同期をはじめ、緊急事態宣言下のタカラジェンヌ達に襲いかかったのだと思う。

一体どうしたら良いんだろう……。同期を、ステージで輝く人達を応援する方法はないものか……。それからは来る日も来る日もそのことを考えて過ごした。

でも、私1人では「どうしたらいいのか」あまりいい答えが見つからなかった。悩んだ末、私はこの疑問をオンラインサロンの方々へ投げかけてみた。すると、皆さん物凄く親身になって、一緒に考えて下さった。

「大好きなものの為に自分達は何ができるのか」

様々な意見が飛び交ったが、すべてに共通するのが「タカラヅカへの感謝」だった。こんな状態だからこそ感謝の想いを伝えたい。皆さんがそう思っていることに、大きな感銘を受けた。

自分1人で抱えていると思っていたことが、そうじゃなかったと気がついた。そして、このサロンの開催意義でもある「観劇」が叶わない現状でもできる活動についての意見が出た。

それからは、来《きた》るべき公演再開の日の為に体力づくりをしようと、毎朝ラジオ体操をすることになり、それぞれがおススメするステージのＤＶＤ紹介や、俳優さんの紹介、来るべき観劇の日に向けて作品の予習など……舞台の再開を信じて自分にできることをする。

そんな日々を過ごしていたある日、サロンの方にＳＮＳ上に「＃愛してるよ宝塚歌劇団」というハッシュタグがあるということを教えてもらった。そこには公演の再開を願う、宝塚歌劇団への愛に溢れたメッセージが沢山あった。すべてに目を通しながら、あまりの暖かさに心が震えた。

「私も、皆さんと想いを共有したい」

＃エアはいからさんが通る

そう強く感じた時にふと、数日後が、中止になってしまった花組公演『はいからさんが通る』の初日であることに気がついた。

せっかくなら、想像の中だけでも初日を迎えられないかな……。「公演中止」は、あまり触れたくない、悲しい出来事でしかなかったのだが、サロンの方々と過ごすうち、この公演を待ち望んでいる人達が沢山いるということを伝えるには、この日しかないと思った。

そして、想像で初日を迎える、「＃エアはいからさんが通る」の開催を考えた。ツイッターでハッシュタグをつけ、想像上の『はいからさんが通る』初日のレポを投稿し、タカラヅカを愛する人達と一緒に観劇をしたかのように盛り上がりたい、という企画だ。

私は早速サロンの方々へアイデアを伝えた。すると、再び様々な意見が飛び交い、アイデアが一瞬にして形になっていった。

せっかくなので予約ではなく、リアルタイムで投稿することにした。

タカラヅカを愛する方々の1日の始まりはすごく早いので、最初の投稿は朝の7時30分にしようと決めた。すると、オンラインサロンには、私が朝に弱いことを知っている方も多く、朝の7時から、サロンを通して起きているかの確認までして下さることとなった。

そのおかげで、なんとか時間通りに投稿することができた。

7時30分

宝塚大劇場の所定位置にて「ご贔屓」の入り待ち。

朝から通し舞台稽古があるので、こちらもかなり早起き。（しかし、普段より早く起きることができる）

「初日」の大成功の祈りを込めまくった「お手紙」をお渡ししてご贔屓を見送る。

8時30分

ご贔屓を含めた組子の皆さんのお見送り終了。

劇場から徒歩3分の「Greenberry's COFFEE JAPAN」にてご贔屓会の同志とお茶。

「それにしてもウチの贔屓のオーラは朝日よりも眩しかったわね」

「私、お手紙渡す時直視できなかったわ」

初日は此方も緊張しているので、妙に高いテンションで会話が続いたと思えば、突然静まり返る。情緒……

カフェにて終演後の出待ち用のお手紙の準備。いつでもどこでも書けるように、バインダーはマスト。

9時30分
途切れ途切れの会話の中、大切な事を思い出す。

「今日は、原作の大和和紀先生のお誕生日じゃん！」

「そうじゃん！　おめでとうございます！　お祝いにマフィン頼も！（自分たちが食べる）」

「これもお手紙に書かなきゃ」

その後、上演作品について、初演を踏まえて最終確認。

原作について、ポスターについて、キャストについて、お衣装について、話はマニアックなところまで行きつき、「セット」についてもアツく語り合う。

10時30分

アツく語り合っているうちに、宝塚歌劇グッズショップ「キャトルレーヴ」が開店したので贔屓のグッズを「見学しに」行く。

「最近ＢＤも買ったし、ブロマイドも全種類コンプしたから、今日は見るだけ。見るだけよ……」

11時30分

（無言でポストカードを持つ）

「メモ、クリアファイルは仕事で使う。リボン巾着可愛い、使う。観劇バッグ勿論使う。アクキーとバッグチャームも付けないと。タオルハンカチ絶対使う。丁度刺繍ポーチが欲しいと思ってたんだわ。おっと、コレクションカードも……」

12時30分

気づけばキャトルであっという間に2時間が経っていた。
すみれ色の袋を両手に抱えながら、劇場内にあるレストラン「くすのき」にてランチ。
特製カードプレゼント対象メニュー「幕の内　すみれ」を注文。カードのデザインは2種類。コンプするまで行こう。

13時30分
劇場入り口にて写真撮影。
今回のポスターは、少尉と紅緒さんのドアップなのでかなりインパクト大!!
こんなにアップでも美しい。美。美。
開演までまだ少し時間があるので、劇場内にある「宝塚歌劇の殿堂」へ。
(しかしこの頃から初日緊張のピークを迎える)

14時30分
若干気もそぞろに殿堂を鑑賞した後、いよいよ会場へ。
(チケット／シャリーン♪)
劇中曲の電動ピアノ演奏を聴きつつ、左手壁上部に飾ってある組子の写真を眺める。

それぞれの漫画から飛び出したようなビジュアルに驚嘆。
今回の公演コラボドリンクを目視。
(客席にてパンフレットを熟読しつつ)
「……それにしても、初日のチケットがよく当たったもんだ。
普段から5組満遍なく観てきて良かった。
苦節10年……やっと……やっと《友》と認めてもらえたのかも涙」

14時55分
♪チャラララーラーラーラララー↑ラー↓ラー↑ (『すみれの花咲く頃』オルゴール音)
開演5分前……
心臓の音が高鳴る……

15時00分
♪ブ――――――
「皆様、本日はようこそ宝塚大劇場へお越し下さいました。花組の柚香光です……」
(心の声/うおおおおおお)

号泣

公演時間になってからは、『はいからさんが通る』初演のブルーレイを観ながらエア実況を続けた。投稿を重ねていくにつれ、思った以上に沢山の方に賛同して頂いた。

これだけ多くの方が、タカラヅカを必要としていて、公演再開を待ち望んでいる。この想いが現役タカラジェンヌ達へ届くといいなあと思った。

「#エアはいからさんが通る」から2か月後の2020年5月末。緊急事態宣言は解除された。

そして7月17日、待ちに待った『はいからさんが通る』の初日が迎えられた。この日の模様は、部分的に「タカラヅカ・スカイ・ステージ」で生中継された。劇団の大いなる愛に感激し、モニターに穴が開くくらいの勢いで観劇した。

花組の皆さんは、モニター越しでもわかるくらいキラキラと輝いていた。悩んだ末にステージの上から夢を届けることを選び、その想いがすべてパフォーマンスに表れている。そんな姿を見ながら、やっぱり自分はタカラヅカを観るのが好きだなあと、強く感じた。

これからもずっとタカラヅカが大好きだ、と確信した日でもあった。

そして、これからはさらに、ひとりひとりのパフォーマンスに込められたメッセージを深く噛みしめていこうと心に誓ったのだった。

私自身の仕事も、止まっていた案件が動き出したりと、少しずつ元の日々を取り戻していった。

そんな中、再び動き出した案件のひとつに、「群馬での歌唱」があった。

この時はまだ知らなかった。この仕事の最中に、人生の伴侶が見つかるということを……。

第19場　ラブストーリー（仮）は突然に

運命の再会は思いがけなく

緊急事態宣言が解除されて少しずつ元の日常を取り戻してきた頃、1通のメールが私の元に届いた。

差出人は宝塚歌劇団在団中からお世話になっている眼科の先生で、先生の地元群馬で開かれる会合の中で歌唱披露してほしい、という内容だった。

先生とは、私の同期の鞠花《まりか》ゆめの紹介で出会い、以後はご家族ともども仲良くさせて頂いていた。タカラヅカを卒業してからも何かと目をかけて下さり、前述の群馬での歌唱を依頼されていたが、コロナ禍となり泣く泣く延期することに。

それから時は過ぎ……やっとの思いで開催が決まり、久しぶりに先生にお会いできることになった。

「皆、天真さんにお会いできるのをとても楽しみにしております！」

先生はメールでそう仰った。

「へへっ。嬉しいことを言ってくれるじゃあないの……」

私は鼻の下を擦《こす》り微笑んだ。久しぶりにお会いできる喜びを噛みしめながら、当日の流れをうかがった。すると先生は、

「当日、会合の目玉としてマグロの解体ショーを予定しています。天真さんにはその前に歌って頂こうと！」
マ、マグロ解体ショー？
私はあまりのスケールの大きさに驚いた。マグロ解体ショーと天真みちる歌唱……。未体験過ぎる組み合わせだ。

ていうか、参加する人達絶対私の歌声よりもマグロ目当てだろ(>_<)

10対0でマグロだろ。私もマグロのほうが惹かれるもん。

……そんなことを思ったが、心の中だけにとどめておいた。

「絶対に素晴らしい会にしてみせるので楽しんで下さい！」

先生の気合いは充分だった。

……そんなこんなでイベント前日。

これまでも何度か寝坊で先生との待ち合わせに遅刻していた私は、イベント当日も寝坊する恐れがあまりにも大きいと先生に判断され、群馬に前泊することになった。

「駅までお迎えに上がりますので。改札を出たところでお待ち下さい」

そう言われていた私は群馬の駅に到着。改札を出ようとした時、改札の外に先生ではないが見覚えのある男性が立っていた。

天真「(あれ、誰だったっけ)…………あ！　ひろくん？」

ひろくん「おひさしぶりです！」

そこにいたのは、先生の次男である「ひろくん」だった。

ひろくん、とは

ひろくんと最初に出会ったのは、今から約10年前に遡る……。

もともと、先生の娘さんであるひろくんの妹さんとお友達だった鞠花ゆめから、

「友達のお兄さんに友達がいないから友達になってあげてほしいの」

という、回文のような依頼を持ちかけられたことがきっかけだった。

聞けば、ひろくんは２００５年雪組シアター・ドラマシティ公演『睡れる月』以降、宝塚歌劇団の全組全公演を観劇しているという猛者で、普段は関西にある鍼灸の大学に通

いながら、暇さえあれば宝塚大劇場に足を運んでいるという。

そんなタカラヅカの大ファンであるひろくんなのだが、周りにその想いを共有できる通称「ヅカ友」はおろか、お友達がひとりもいないらしい。そのことを心配したひろくんの妹さんが、ゆめに相談したのだった。

普段から姉御肌で面倒見の良いゆめは、妹さんの悩みを解決すべく、「ひろくんとお友達になろうの会」を企画。私はゆめ様にお友達候補としてチョイスされたのだった。

そして迎えた「ひろくんとお友達になろうの会」当日。幹事のゆめ様、私を含め何名かの「お友達候補」が集った。

前情報で「友達がいない」と聞いていたので、一体どんな人が来るんだろうと、ある意味楽しみにしていた。会合中、目を一度も合わせてくれなかったらおもろいな、とか、ずっと無口で、口を開いたかと思えば「私に友達は必要ありませんから」とか言い出すような人だったらおもろいな、とか、自分の理想（？）とする「友達がいない人」を想像しまくっていた。

そんな中、ひろくんは現れた。

ひろくん「初めまして☆本日はよろしくお願い致します☆」

私は少々面食らった。

深々と頭を下げ、とても丁寧に挨拶をする。語尾がなんだかキラッとしている。さっきまで想像していたジメッとした印象は全くなく、むしろカラッとしていた。

天真心の声「一体どうしてこんな人に友達がいないいんだろうか……」

そんな風に思いながら、頭を下げた。そして私も自己紹介しようと思い口を開いたその瞬間、

ひろくん「僕は娘役さんに憧れているので、男役に興味はありません☆」

信じられないくらいあっけらかんと、曇りなき眼でしっかりと相手の目を見て爽やかにそう言い放った。申し訳なさとかも全くない。語尾がなんだかキラッとしている。

となりで聞いていたゆめ様は、「え、失礼……」とポツリと言った。私以外のお友達候補達もドン引きしていた。

出会い頭に歯に衣着せぬ発言をかまし、開始早々閉店ガラガラの空気が立ち込める会場。皆の頭の中に一斉にホタルノヒカリが流れる中で、私は1人、

「おもしれー男……」

そんな印象を抱いたのだった。

本物の光

とんでもねえ開会宣言から始まった「ひろくんとお友達になろうの会」。会場がとんでもねえ空気になっていることに一切気づかず、ひろくんは喜々としてタカラヅカの素晴らしさと娘役の素晴らしさについてアツく語っていた。

ひろくん「僕は、舞台の一番奥の端っこにいてもキラキラと輝いて夢を届ける娘役さんを心から尊敬しています☆」

演者からしたらとても嬉しい言葉……なのだが、私は対象外（笑）なので、なんとか私も尊敬される対象に入れないかどうかジャブを打ってみた。

天真「それは、男役も同じなのでは？」

するとひろくんは、再び曇りなき眼で言い放った。

ひろくん「男役さんは僕なんかが応援しなくても、応援して下さる方が沢山いらっしゃいますから☆」

……この、たった1回のラリーで、

「この人は、揺るがない」

そう、細胞レベルで感じ取った。本来ならこの後「そんなことはありませんよ」とかなにかしら会話を続けることも考えられたが……

天真「ほう」
私は、たった2文字で返事した。なんというか、言い返したところで面倒なことになるのが目に見えていたからだ。

その後もアツく語るひろくん。そんなに喋ってる人の顔見る必要ある？ってくらいに相手の目を見ている。眼圧が相手の瞳の向こう側まで到達している気がする。そんなひろくんのアツさとは裏腹に、終始安らかな空気に包まれている会場。ヤバイ。この場の空気をなんとかせねば……！　焦った私は話題を変えた。

天真「最近、事故物件のサイトにハマってて……」

……あの時の私に伝えたい。話題を変えようと思ったのはわかる。わかるよ。けど、事故物件て。膨らむ気が全くしない話のタネを蒔いてしまった自分を恥じた。

ヤバイ。もっと明るい話題を……そう思った瞬間、ひろくんが高らかに笑った。

ひろくん「日本は歴史上合戦を繰り返してきているのだから、すべての土地が事故物件だよ☆ほらここも☆」

そう、自分が今いる足元を指差しながら爆笑していた。

あまりにも、あまりにも光属性すぎる。笑いのツボが未知数すぎる。再び安らかな空気

に包まれる会場の中で、私はひとり
「陽キャって……こういうタイプもいるんだ」
と、なぜか深く感心した。
そんなこんなで「ひろくんとお友達になろうの会」は終演し、その後二度と開催されることはなかった。

その日の帰り道。ゆめ様は歩きながら
「今日はなんか……ごめんね」

と言った。友達になるのは保留でいいよと言いたそうな口ぶりだった。

でも。

「ひろくんと友達になりたい」

私は、そうゆめに告げた。

お友達とは

そんなこんなで私はひろくんとお友達になった。理由はただ一つ、「おもしれー男」だったからである。

ただ、お友達になったとはいうものの、今回群馬で再会するまでお友達らしいイベントは一切なかった。

ひろくんは2005年の私の初舞台公演『NEVER SAY GOODBYE』から、2018年の退団公演である『MESSIAH／BEAUTIFUL GARDEN』まで、バウホールなどの小劇場公演も含めほぼすべての公演を観劇していた。……にもかかわらず、私のことは一切見ていなかった。清々しいほど、自分のポリシーに忠実な人物だった。

なので私も「どうせ男役はアウトオブ眼中なんだから、私もひろくんのことは見なくていっか」と、本当に一度も客席に座っているひろくんを見たことがなかった。

ただ、13年間の在団中に出演した作品の中で、唯一、本当に唯一ひろくんのお眼鏡にかなった役がある。

それが……『オーシャンズ11』の「ブルーザー」だ。地毛をツーブロックにし、髪を重力に反してツンツンに立てた「モヒカン」で挑んだ役。

確かに、ブルーザーの時はお巡りさんにも職務質問されたし（前作『こう見えて元タカラジェンヌです』参照）、男性の目に留まりやすかったのかもしれない。

……そんなこんなで、私は宝塚歌劇団を卒業。

その後私は地元の関東に戻ったので、関西在住のひろくんとはあまり会えず、どちらかというと、ひろくんのお父様である先生の方と定期的にお会いしていた。

その間、ひろくんのことなど脳裏にひとかすりもせず、過ぎ行く時の中で自然と風化していった――。


というわけで、自分の記憶の中でだいぶセピア色の存在になっていたひろくんが、どういうわけか目の前に立っていた。

天真「久しぶり！　何してんの」

ひろくん「大学院を修了して、こちらに戻ってきたんです☆」

天真「へえ」

久しぶりの再会に、話が進むかと思いきや……1・5ターンで終了した。

直後、先生と奥様（ひろくんのお父様とお母様）のもとへ駆け付け、再会の喜びを分かち合い、まずは久しぶりに食事でもしながらゆっくり話そうと先生の運転する車で目的地へと向かった。道中、会えなかった期間がとても長かったこともあり、話が弾みに弾んだ。

話の流れで、ひろくんのお母様に「最近どうしてるの？」と聞かれたので、

「脱サラしてフリーランスになり、マイホームを購入したので、これからは家を守る為に

生きていきます」
　と今北産業で伝えた（詳しくはまたの機会に……）。すると、お母様が
「それも素敵だけれど……晩年は誰かが隣にいた方がいいんじゃない？」
　続けてそう言った。
　お母様「そうだ……ウチのひろと結婚したらどう？」
　天真「……（pardon me ?）」
　瞬間、車内はお見合い会場と化し、2年ぶりに再会したお友達は突如「花婿候補」に。
　こうして、私はひろくんと、ある意味運命の再会を果たしたのだった――。

第20場　約4坪のお見合い会場

ひろくんPRタイム突入

突如お見合い会場と化した車内。2年ぶりに再会した友人が突如「花婿候補」になった。ひろくんのお母様はそう言っているけれど、お父様である先生はどう思っているんだろう?と運転席の様子をうかがうと、先生は突然堰を切ったように

「そうだ! そうすると良い! そうしよう! ずっとそう思ってた!」

とまくし立てた。

……初耳なんだが?

これまでお世話になっていた約10年間、ひろくんと結婚してほしいなど、一度も聞いたことないのだが。

先生が今までにないくらいのハイテンションでひろくんを勧め、ひろくんのお母様も「そうよそうよ」と推してくる。肝心のひろくんはどう思っているんだ?と思い助手席を

見ると、
ひろくん「ぜひよろしければ☆」

なぜかノリノリだった。

アンタ、何考えてんだよ。

一瞬苛立ちを覚えたが、何とか気持ちを切り替え、半笑いでその場をやり過ごそうとした。

天真「え～（笑）聞いてないですよ～（精一杯の反論）……………え～（笑）」

フワッとした返事をしながら、ニヤニヤしてその場を凌いだ。願わくば、このままこの話はフェードアウトして欲しい、そう思っていた。

……が、このままで終わるはずがなかった。

その後の食事中も、ご両親によるひろくんプレゼンは続いた。更には「この2人どう思う？　お似合いでしょ？」と店員さんを巻き込んでのマインドコントロール。

食後、先生のご実家にてお茶をすることとなり、「ひろは自炊が得意なのよ」と、ひろくん自作の黒にんにくを提供された。結構ロックなお茶請けだなと思いつつ……頂いたらめちゃ美味しかった。

頂いている間お母様は

「ひろはこれだけじゃなくて、梅酒や梅干しとかも自分でつけているのよね」

と話す。ひろくんが続けて
「最近はかりん酒を作りました。でもぼく、あまりお酒飲めないんですよね」

それでは一体誰の為に作っているのか。いちいち疑問は残りつつ、スルーした。話は続く。

お母様「ひろは一人暮らし歴も長いし、結婚したら大半の家事はひろが全部やってくれるわよ」

……それはポイント高い。そう思いつつ、
天真「めちゃステキですね、でもそれだったら結婚したいって人沢山いるんじゃないですか？」

と聞いた。するとお母様の顔が少し曇り、
お母様「そうでもないのよ」

天真「え……！　だって支えてくれる人ってめっちゃありがたいじゃないですか」

お母様「どちらかというと……支えたい、と思う女性が多いのかもね」

……なるほどな。ひろくんは「オレについて来いよ！」というよりは「ついて行くよ☆」という性分なのか。

……まてよ。それは私にとってはかなりありがたいぞ……？

思わぬところでひろくんとの結婚がアリよりに傾いたが、それは誰にも告げなかった。

そしてその日は何事もなく終了。このままフェードアウトになるだろう……そう思いながら就寝した。

しかし、その考えは甘かった。ここから、ひろくんのご両親による怒涛の「ひろくんといっしょ」作戦が始まったのだ。

ひろくんといっしょ

翌日……

ひろくんのご両親に、会合の準備、受付、昼食、移動など、ありとあらゆる行動を「ひろくんと共に」するように根回しされていた。

どこに行っても隣にひろくんがいる。お父様とお母様は、なにかと「ひろと一緒に〜」と仕事を割り振り、別に断る理由もないので、2人して「はい」と応えて作業をした。

そんな中、「2人で受付」をしていた時のこと……

開場前から受付席に座らされていたので、2人で会話せざるを得ない環境ができ上がってしまった。

私は脳内で緊急会議を開いた。
ファンファンファンファーン――――――今後について考えよう。

①このまま、うやむやにする。
②ただ、うやむやにすると今後先生方にはお会いできなくなる可能性がある為、きちんと向き合ったうえでお断りする。
③はたまた、お受けする。
(脳内会議終わり)

少し考えて、②にすることにした。そしてせっかくなのでお見合いの続きでもしようかなと、ドラマなどでよく見るスタンダードなやり取りを始めた。

天真「ひろくん、現在お住まいはどちらで？」
ひろくん「高砂☆寅さんで有名な柴又☆」
天真「ほお、寅さん」
ひろくん「うん☆こち亀の葛飾も近いよ☆」

天真「ほお〜。なぜ高砂に？」
ひろくん「健康の為に毎日歩きたいから、できれば駅から徒歩20分以上の所に住みたくて、知り合いの不動産屋さんにお聞きしていたんだけど、東京は駅が多いから、20分以上歩くと、次の駅の最寄りになってしまって」
天真「なんそれ（笑）」
ひろくん「ほんと、びっくりしたよ。だから散歩しやすい街にしたくて、高砂にしたよ」
天真「他になんか条件付けたの？」
ひろくん「あとはね、絶対条件として『タカラヅカ・スカイ・ステージ』を受信するアンテナを付けられるところ☆」
天真「ま！」
ひろくん「たとえ雨風凌げなくても『タカラヅカ・スカイ・ステージ』が見られるところが良いです！って言った☆」
天真「なんそれ（笑）」

あまりにも聞いたことのない居住条件の数々。それを、ウケ狙いではなく、至って真面目に話すひろくん。

会話は続く。

天真「ひろくんの御兄弟は」
ひろくん「4人だよ☆」
天真「え、一緒。ウチも4人だよ」
ひろくん「そうなんだ。何番目？」
天真「2番目」
ひろくん「一緒だね☆」
天真「3人姉妹と年の離れた弟がいるから実質真ん中の時代が長かったな」
ひろくん「え！　ぼくもだよ！」
天真「マ⁉」
ひろくん「僕の家は3人兄弟と年の離れた妹がいるから実質真ん中の時代が長かったよ」
天真「……めっちゃ一緒！」
ひろくん「真ん中ってさー……上と下の様子見過ぎて自分の反抗期逃すよねー」
天真「……わかる……わかる——‼」

そこから怒涛の「真ん中あるあるラリー」が続いた。

3人お揃いの洋服を買ってもらっても、真ん中だけ少しデザインが違う、ほっとかれやすいのでよく単独行動をすることになる。でも寂しくない。むしろ楽しい。

育ってきた環境が似ていると、感覚も似るのだろうか。

あっという間に時間は過ぎてゆき、マグロ解体ショーが始まった。

マグロ解体ショーよりも大事な事

捌かれていくマグロを見つめながら、ここでまた脳内会議が開かれた。

ファンファンファンファンファーン――――

正直、今日1日めちゃくちゃ楽しいな。ひろくん、一緒にいてめっちゃ楽だ。「なにか話さなきゃ……！」という気を遣う必要もなく続く会話、隣にいる居心地も悪くない、同じ「中間子」だからほっといても良い。言葉通り一緒にいて気が楽だった。

あとはなにより「心からタカラヅカが好き」という共通点がデカい。私自身も大ファンだし、なみなみならぬ思いで所属していた劇団を大好きだと言ってくれるのは単純にとても嬉しい。

この人とだったら、毎日気楽に生活ができる……かも。だったら……早く手を打った方が良い。

（脳内会議終わり）


その日の帰り道。

最後の最後までしっかりとご両親の作戦は続き、群馬から東京へと戻る新幹線の席を隣同士にされていた。およそ90分間、これまた2人で話すことに。

ただ、私がひろくんに話したいことはすでに決まっていた。

「ワンチャン、ワイと結婚する気はあるんか？」と。

……誤解してほしくないのだが、私は普段、ここまでどストレートに人に意見を言えるタイプではない。いつもは揉まんで良い気すら揉みまくって結局何も言わずに終わる、というのがデフォだった。

でも、今回はハッキリ聞こう、そう思った。

理由はひとつ。ひろくんと「ともだち」だから。

この人となら、友達のまま結婚できそうな気がする。そして、仮にひろくんに「ごめんなさい」と言われても、友達のままでいられそうな気がする。だから聞ける。

私は覚悟を決め、ひろくんに想いを伝えることにした。

……のだが、まずは少し外側からかる〜くジャブを打ってみた。
天真「ひろくん、昨日今日となんだかおもしろいことになっているねぇ」
ひろくん「そうだね〜。なんかごめんね」
天真「ぜんぜん！　お父さんがめちゃくちゃ仕事を2人でするように画策したのとか楽しかった」
ひろくん「そっか☆」
天真「ってか……我々が本当に結婚したらオモロイかもね」
ひろくん「そうだね☆……でも、無理しなくて良いからね☆」
ファンファンファンファンファーン――――――緊急脳内会議――――――！！！
ヤバい！　この人……ハッキリ言わないと伝わらないタイプだ！
どうする？　どう伝える？　跪いて「ドゥーユーマリーミー？」とでも言ってみるか？
どうすr……
スマホ「ピロリん♪」

タカラジェンヌのサブスク

緊急脳内会議の最中、スマホにメッセージの通知が。

会議を中断し確認すると、同期の桃花《ももはな》ひなからの結婚式のお誘いの連絡だった。

天真「桃ちゃんの結婚式かあー。ウェディングドレス絶対キレイだよなあ」

ひろくん「桃ちゃん？」

天真「うん……同期の桃花ひなちゃんが結婚するんだって。桃ちゃんわかる？」

ひろくん「……今、何て言った？」

天真「え……？」

ひろくん「いま、な ん て い っ た の ！ ！ ！」

これまでの朗らかな人柄からは想像がつかない程、鬼気迫る表情でひろくんが詰め寄って来た。

私は若干気圧されつつ答えた。

天真「え……桃ちゃん……」

ひろくん「桃花ひなさんだよね、雪組娘役さんの桃花ひなさんだよね！　はあああああああ」

ひろくんは、ここが車両だということはお構いなしに、名俳優かの如く両手で頭を抱えて悶絶しだした。
天真「え……好きだったの？」
ひろくん「雪組さんの中で（↑ココポイント）一番憧れの娘役さんだったんだよ……!!」
ハチャメチャに落ち込むひろくん。なんというか……「結婚したのか……オレ以外のヤツと……」を、リアルで見られるとは思わなんだ。
この人、本当にオモロイな……いや、ちょっと待て、これは……チャンスなのでは……？　ピィーン！と脳内に閃きが走った私は、一か八かひろくんに提案してみた。
天真「てか、私と結婚したら、桃ちゃんの結婚式に身内として出られるかもよ」
ひろくん「……へ……？」
ひろくんは、教科書通りの「鳩が豆鉄砲を食ったような顔」でこちらを見た。
もう一押ししてみる。
天真「どう？　私と結婚してみては？」
ひろくん「……」
突然黙りこくり、口元に手を当て固まるひろくん。きっと、脳内で緊急会議が開かれていることだろう。

ひろくん「……その手があったか……」
とんでもねえ心の声が駄々漏れしているひろくん。
ひろくん「あの……ぼくは……」
駅員「間もなくー北千住ー北千住でーす」
マジで盛っていないのだが、ひろくんが今まさに答えんとする、おもしろいくらい劇的なタイミングで駅についてしまった。
ひろくん「ア……ア……」
パニックになりすぎてカオナシになるひろくん。
天真「とりあえず降りる準備しなよ」
アタフタしながら逃げるように電車を降りるひろくん。
北千住のホームにて、
天真「まあ、今ここで返事がほしい訳じゃないから、とりあえず連絡先を交換しようよ」
ひろくん「は……はい」
この日はひろくんの返事を聞くことなく解散した。

次の日……

目が覚めると、ひろくんから連絡が来ていた。どんなもんだろうとおそるおそるメールを確認すると……


「昨日はありがとうございました。

返事なのですが、昨日まで僕達は群馬にて、僕の両親によるマインドコントロールを受けていた可能性が高いです。

よって、昨日の今日で返事をするのは少し危険かと。

今日から1週間、お互いの土地で冷静になって、今一度考えてみましょう。

それでも結婚したいと思ったら連絡を下さい」


……想像の斜め上の内容だった。

こうして、我々の物語はまだ何も始まってないのにもかかわらず、突然の冷却期間に突入した。

第21場　新感覚のプロポーズ

結婚について本気出して考えてみた

ひろくんと1週間後に会う約束をして、その日はそのまま自宅へ戻った。

私は決してひろくんの言う「群馬マインドコントロール（略してグンマー）」にかかっていたわけではないと言い切れるのだが、せっかくなので、今一度「結婚」について考えてみた。

まず前提として、元タカラジェンヌの方々の結婚といえば。

これまで名だたるスターさん方が、誰が聞いても知っている企業の社長と結婚されたり、誰もがご存知の俳優さんと結婚されたりと、結婚を発表するたび世間を賑わせてきたと思う。

歴史的には、宝塚音楽学校での生活は花嫁修業と呼ばれていたこともあり、寿退団の多い時代もあった。なので元々は「退団＝結婚」という、たった一つのゴールしかなかったのではないかと思う。

でも、時代は動き続けている。世の中のライフスタイルも変わり、結婚に対する価値観も変わった今では、必ずしも退団＝結婚ではなくなった。どちらかというと卒業後もキャリアを高め続ける方々の方が多い気がする。

なので私の結婚観も、「できればしたいけど、それよりもやってみたいことが沢山ある」くらいの感覚だった。

ただ……ここで、皆さんにお話ししておきたいことがある。

第19場でなんの前触れもなく「マイホームを購入した」と記述したのだが、その理由やきっかけについてひとっことも語りはしなかった。

実は、このマイホーム購入は先ほど述べた、私の結婚観に影響を与えることになったかなり大きめの事件だったのだ。なので、今回はその理由について少しお話ししようと思う。

私がなぜ、マイホームを購入したか。その理由はただ一つ。

周りから「心配」というオブラートに包んだ、ただの「圧力」を、これ以上かけられたくなかったからである。

それってアナタの感想ですよね？

例えば……この歳になると、友人や劇団の卒業生などから結婚式の招待を受ける事が増える。心からお祝いする気満々で参加させてもらうのだが、披露宴の途中、新郎新婦のお色直しなどのフリータイム中に「ところで皆様はご結婚は？」という、来賓者同士の近況報告@披露宴会場ver.が始まったりする。

私が「まだです」と答えると、「え!? （まだ）結婚していないの？」という周りのリアクション。

この（まだ）というのは、相手は決して口には出さないが、顔がありありと物語っていることが多々ある。

「そりゃあ！　できればしたいと思ってますよ！　思ってますけど、その前にやりたいことが沢山あって……」

とマジレスしていたこともあったのだが、その都度、過激派な既婚の方に

「いや〜、結婚は良いよ！　なんというか……一人前になれるよ」

などと返され、その後延々と結婚することの良さを語り、そして一様に「早くしないと！」と急かしてくる。「できるならしたい、じゃ一生結婚なんてできないよ！　行動あるのみ！」と。

そして散々捲し立てた挙句、最終的には「まぁ〜、ウチは今じゃ喧嘩ばっかしてるけどねぇ」的な、謙遜なのか知らんけど突然自分のパートナーをディスるような結びの言葉で締め、満足気にメインディッシュを頬張る。

頼む、今は肉に集中させてくれ。

内心そうは思いつつ、これ以上要らないプレゼンを続けられても困るので、「ね〜！そうですよね〜！」とただただ同意する、という返しを基本装備としていた。

こういった既婚過激派による謎の「結婚している自分一人前マウント」は、日々の生活の中で多々ある。

「それって、アナタの感想ですよね？　なんだろう、『結婚してる』から『一人前だ』と決めつけるのやめてもらっていいですか？」

と問い詰めてやりたい。この概念に胡坐《あぐら》をかき、マウントを取ってくるなど、一人前の人間のやることじゃないといつも思う。

……とまあ、こんな風に年齢を重ねれば重ねる程、心配している風を装った「結婚しろ、一人前になれ」という圧力は増していく。

そして……その「最大勢力」は、紛れもなく「実家」に存在するのだ。

宝塚歌劇団を卒業した後、我が家の両親は呼吸するのと同じくらいの頻度で「結婚はしないのか」と私に問うてきた。前述の「1人で生きていくのが性に合っている」なんてものは理由として認められない。

なので、話をはぐらかす。聞かれたらはぐらかし、また聞かれたらはぐらかす、両親と私のギリギリの我慢比べである。

ただ、私もその話題で両親と喧嘩になるのは避けたいので、両親に「結婚する気はあるか？」と問われれば、したいわけじゃなくても「そりゃあ、したいとは思ってるよ」的な、両親の意見に賛同している素振りの返しをしてしまっていた。

私の両親は私が結婚することで安心するし、結婚しないならずっと心配なのだ。これが親の愛というものならば……ありがたくお受けしなければ。そして、私もいい歳だから両親を安心させてあげたい。そんな気持ちからの返答だった。

そんな私の内心は知らず、ただ結婚したい意思を汲み取った両親は行動を起こす。

ある日、お見合いをすることになった。

父の親戚の紹介で、お相手は家業を継ぐことになっており、私にも是非家業を継いでバリバリ働いてほしいと言っている。それを聞いた私は「嫁ぐ」というより、「再就職先」を見つけた気がした。

就活もせずに一生働ける場を提供して頂けるなんて。結婚してからもずっと働きたいと思っている私にとってはとても嬉しい条件だった。

「ここで働かせて下さい！」

そう思い、結婚を決意。そんな気持ちで、かるーい食事から始め、2回目に会う時には「結婚を前提とした」付き合いに変わっていった。

そこに愛はあるんか？と問われれば……答えはＮＯだ。

それよりも再就職先としてかなり魅力的であること、お相手のお義母さまともノリが合いそうだと直感したこと、なにより両親も勧めているということが大きかった。

結婚を決意した私を見て家族は一安心。とても嬉しそうだった。ああ、良いことしたなぁ……などと思っていたのだが……。

いざ結婚しようと決めた途端、それまでマスオさんのように柔らかな印象だったお相手の性格が急変。結婚が決まった途端、世間一般的な亭主と妻の関係を築きたくなったのか、私の行動一つ一つに「お小言」を並べ始めたのである。

「世間一般的には内助の功として務めるべきだと……」

「世間一般的には働いていても家事もこなしてもらわないと……」

「世間一般的には……」

「世間一般的には……」

……うるせえ！　ワシは「世間一般」という言葉がこの世で一番嫌いじゃ！！！　黙りやがれ！

一瞬で悟った。この人とは一緒に生活することはできない、と。

気がつけば私は、お相手と一度交わした結婚の約束を、1週間と経たぬうちに反故にしていた。

夜のボート

……私は一番大切なことを見逃していた。

結婚とは……「生活」なのだ。

自分の再就職先としてお相手の家業などはしっかりとリサーチしていたのにもかかわらず、肝心の「お相手」のことをなにひとつ見ていなかった。

私は、自分の意思で働けるという事を望んでいる。

かたや、お相手の理想とする生活スタイルは「世間一般」を望んでいる。

冷静に考えれば……はじめから交わることのない道だった。まさに夜のボート（『エリザベート』で、夜の海に浮かぶ2隻のボートのように、ふたりの人生がすれ違いひとつに戻れない悲しさを歌った名曲）だった。
お義母さまと仲良くなれようがなれまいが、両親が喜ぼうが喜ぶまいが、「お相手との生活」ができなければ、話は始まらないのだ。要は……「私自身がどう思うか」が大事なのだ。そんな当たり前のことを、約束を反故にするという、だいぶ最終段階にきて悟った。

結婚の話はいったん白紙に戻り、我が家は軽くお通夜状態になった。父上が物凄い剣幕で私の人格を否定し、母はなんとなくこうなると思っていたと言い（だったらもっと早く止めろや！とか思ったよね。思うよね、マジで）、もうお前にはなんの期待もしない！と告げられ、その後生活するうえで私に少しでも粗相があれば「だから結婚できないんだ」などとぼやかれる。

いくら血のつながった相手だとは言え、流石に来るものがある……が、ＣＭなどでチビッ子がテレビに映る度、孫はまだか……と楽しみにしている寂しげな父親の背中を見ていると、自分のしたことがどんだけ父親の楽しみを奪ってしまったのか……という罪悪感も生まれるわけで。

ほんと、「私だけに」とか言ってらんないよ。……まあ、言ったようなもんだけどさ。
シシィはホント凄いよ。

そんなこんなで家族からの信用がゼロを下回ってしまった私は、その他の方法で信用を得るしかなかった。そこで見つかったのが「家を買う」という選択肢だ（まあ、これも両親に提案されたものだが）。

「家族」ではないが「財産」という守るべきもの。それがあることで、自分自身に何かあった時に守ってもらえる。「しっかりと自分の財産を守る」ということなら、両親は結婚はしなくても良いと妥協してくれた。

それから両親は、将来私自身が住む予定のその家のデザインにあれこれ口を出し始めた……というかほぼデザインした。

一瞬「あれ、誰が住むんだろう？」と思ったが、両親が楽しそうだったので「まあいっか」となった（自分が唯一選んだのは、リビングのムーミンの壁紙と、自分の部屋のプラネタリウムみたいになる天井の壁紙だった）。

……まあ、そんなわけで。

なんやかんやあってマイホームを購入した訳だが、この経験によって私の結婚観は「私には向いていない」に変わった。

理想のお相手、とは

いろんな経験を重ね結婚観が変わった私だが、私が結婚に向いていないことは、前々から薄々感じてはいたことでもある。

私は「愛」という言葉を信用していない。

例えば結婚するにあたって、神様の前で誓う「愛」。病める時も健やかなる時も……とか言ってるけど、この先何十年も共に生きて行く際に起こるイベントを、たった10文字に要約して誓わせるなよ……といつも思う。

共同生活をするうちに現れるイヤなこと。それから目を逸らす為に「愛」が必要なんか？　愛があれば乗り越えられるってことは……愛って「赦す」ってことなのか？　だとしたらこの先赦せないことばかりが起きるというんか？

そんなもんじゃねぇだろ、愛って。それら全部全部「愛」という感情一つでなんとかできると思ってんじゃないよ！

……と、いささか取り乱してしまうのである。私はこれを「愛で乗り越えなきゃいけないクエスト多すぎ問題」と名付け、そのような状況に出くわすたびに内心取り乱している。

あと……職業柄、自分を応援して下さる方と関わっていくうちに「愛には寿命があるのではないか」と感じるようになった。

在団中から現在にいたるまで様々な方々と接してきた中で、昂《たかぶ》る感情を最高温度で伝えてくる方……例えば、めちゃくちゃ分厚いお手紙を毎日送ってきてくれる方や、「好きです」を連呼するような、瞬間的温度が高い人ほど、次の公演の際には自分の側から離れていたりする。

対照的に、逆に楽しんで下さっているかこっちが心配になるくらいアルカイックスマイルで見守ってくださる方……例えば、日々の徒然なることを手紙にしたためてくれたり、世間話をしてるような、静かに、でも確実に応援してくれる人の方は、15年以上の付き合いになっていたりする。

私は思う。愛は……蝋燭のようなものなのだ（誰かが先に言っていたらごめん）。熱く燃え上がるほど、早く消えてしまう。静かな灯火《ともしび》は、ゆっくりと永遠に燃え続ける。

決して、どっちが良いとか悪いとか言っているわけではない。なんなら、自分自身も熱しやすく冷めやすいタイプだし。ただ、結婚は、結婚だけは、一時のアツい気持ちや勢いでしてしまうと……燃え尽きるのも早いのかなと思うのだ。

このことは、何を隠そう「宝塚歌劇団で上演されてきた珠玉の作品達」に教えてもらった。

「一時のアツい気持ち」代表作品といえば……『マノン』だ。ロドリゴとマノンって……マジで「生活」のことを一切考えていない。心配する親友を他所に一瞬で燃え上がって一瞬で燃え尽きている（まあ、あれは親族も結構ヒドイけれども）。

マノンだけではなく、タカラヅカの作品では度々「愛することで破滅に追いやられる人」が主人公になる。ロミオとジュリエットも、『哀しみのコルドバ』のエリオとエバも、『うたかたの恋』のルドルフとマリーも、みんなみんなガッと愛してガッと散る。そんなん……自分にはできんし。散りたくないし……（笑）。

ラブストーリーの中で「愛」と「生活」は切り離されて描かれることが多いけど、自分自身の結婚とは「生活」をすることなのだから……。

じゃあ結局どんな相手が理想なの？　どんな相手となら、穏やかに過ごせるの？

そんな風に考えていた頃、偶然にも再会したのがひろくんだ。

ひろくんと半日隣同士で過ごしただけでわかった。気を遣わずとも続く会話、なにもかもが「おもしれー」と思える新鮮さ。そして育ってきた環境がほぼ一緒だから、周りには理解しづらいと思われる価値観が理解してもらえる気楽さ……この人となら、超弱火で長〜い間一緒に過ごせると思った。

私にとっての理想の相手とは、ひろくんだったのだ。

一度、冷静になって考えましょう、の後

そんなこんなで1週間が明け、結果報告の日となった。

あれやこれや考えてみたが、やはり私はひろくんと結婚したいと思っていた。

ひろくんは一体どう思っているか、気になるところではあったが、まあ、駄目でもまた友達に戻れればいっか……などと、割と気楽に約束のお店（私が予約した）へと向かった。


そこに……やたら重装備で現れたひろくん。

結構長めの旅行にでも行きそうな程の荷物量だったので、どこかに行くの？と聞いてみると、
ひろくん「タカラヅカの公演を観にこれから夜行バスで兵庫へ向かうんだ☆」

とのこと。

互いの仕事終わりに約束したので時刻は20時過ぎ。夜行バスは22時に出るので21時半過ぎにはこの店を出たいらしい。

これから将来のことを決定しようという、割と大事な日に、制限時間を設けるとは。

「流石はひろくんだ」と、謎に感心してしまった。

結果報告の会、開始――

自分から制限時間を設けたくせに、なかなか本題に入れないモジ男ひろくん。どうでもいいような話ばかりしながら、時計をちらちらと見て焦っている。

結果、私が「で……どうする？」とシンプルに聞く。夜行バス出ちゃうよ、と。

天真「え〜先日のお話の続きですが、私は冷静に考えた結果、やはりひろくんと結婚できれば嬉しいという見解に至りました」

まるで只の打ち合わせのような会話だ。色気もなんもない。

ただ、私の気持ちを受け取ったところで、ここまでモジモジしていたひろくんが突如、

「待って！」

と言った。

え、まさかのお断りか……？と、小さい覚悟を決めた瞬間、

ひろくん「そこから先は僕の方から言わせて☆……えっと、そのあの……結婚を前提にお付き合いしましょう☆」

物凄い勢いだった。

内心「あ、そっち？」と思いつつ、「よろしくお願いします」と答えた。

ひろくん「よかったぁ。プロポーズは、僕から言いたかったから……」

と、ひろくんはホッと胸をなでおろした。
「いや、ここまで王手かかった状態を作ったのワイやぞ。この手柄ドロボウが」と一瞬卑屈になりかけたが、それこそがひろくんだと思い、受け止めた。

その後、注文した鶏の唐揚げがテーブルへ。ケンタッキーで言うところのドラムのような部位の唐揚げを眺めながら、
ひろくん「家族でケンタッキー食べる時ってさ、ここ（ドラム）……食べられた？」
天真「食べられなかった〜」
ひろくん「だよね〜!!」
と、またもや中間子あるあるで盛り上がった後、お店を後にした。
都内のオフィスビルが建ち並ぶ街灯の下、我々は固い握手を交わした。
天真「それじゃ……いろいろとよろしく」
ひろくん「うん☆」
ひろくんは夜行バスへと向かい、雑踏に消えていった。こうして……「ともだち」は、
突如「運命の人」になったのだ。

そこから時は経ち……私とひろくんはめでたく結婚した。

新婚生活が始まると同時に……とある公演のお稽古も始まった。

それは……「エリザベートTAKARAZUKA25周年スペシャル・ガラ・コンサート」だった。

フィナーレ

第22場　エリザベート・ガラ・コンサートへの道のり

新婚生活よりも……

２０２１年冬。

ひろくんと無事に結婚し、当時ひろくんが住んでいた京成高砂にて同居を開始。いわゆる「新婚生活」が始まった。

おともだち婚とはいえ、我々は「新婚さん」だ。互いのあらたな一面を垣間見ちゃったりして♪ウキウキ♪ワクワク♪

……するようなことは、全くなかった。というのも、新婚生活が始まるのとほぼ同時期に、公演のお稽古が始まろうとしていたのだ。

そう、「エリザベート TAKARAZUKA25周年スペシャル・ガラ・コンサート」である。

『エリザベート』は、ウィーンで生まれたミュージカルで、1996年に宝塚歌劇団雪組にて上演され、以降各組で10バージョンにわたって上演されている。

物語は、19世紀に実在したオーストリア皇后エリザベートの生涯と、ハプスブルク帝国崩壊の史実がベースとなっている。自由な魂を持つ少女シシィ（のちの皇后エリザベート）は、姉のヘレネのお見合い相手であったオーストリア皇帝フランツ・ヨーゼフ一世に見初められて妻となる。しかし、姑の皇太后ゾフィーの重んじる「伝統」と、求められる「皇后らしさ」になじめず、軋轢に苦しむ。そんな彼女のもとに現れたのがトート閣下……またの名を「死」。夫フランツとの冷え切った結婚生活、息子ルドルフの自殺など苦しみの中で何度も「死」に誘惑されるエリザベートは、無政府主義者のルイジ・ルキーニに暗殺され、黄泉《よみ》の世界でトート閣下と永遠の愛で結ばれる……。

タカラヅカでは、このトート閣下のお役をトップスターさんが演じる。

「死」という概念をトップスターさんが演じるという、タカラヅカ史上初めての試みに、1996年一路真輝《いちろまき》さんにて初演の際は発表時から物凄く話題になったが、タカラヅカの男役にしか生み出すことのできないトート閣下の妖艶な姿、心を揺さぶる数々の名曲に幕が開いてから絶賛が相次ぎ、当時の理事長先生が「5組すべてで再演しましょう」と演出の小池修一郎《こいけしゅういちろう》先生に持ちかけたという、『ベルサイユのばら』以降に誕生した、タカラヅカを代表する不朽の名作である。

今回のガラコンサートは、1996年の初演から25周年を記念して、
96年雪組バージョン一路真輝さんトート（映像での御出演）
96年星組バージョン麻路《あさじ》さきさんトート
98年宙組バージョン姿月《しづき》あさとさんトート
02年花組バージョン春野寿美礼《はるのすみれ》さんトート
05年月組バージョン彩輝《あやき》なおさんトート
07年雪組バージョン水夏希《みずなつき》さんトート
09年月組バージョン瀬奈《せな》じゅんさんトート
14年花組バージョン明日海りおさんトート
16年宙組バージョン朝夏《あさか》まなとさんトート
の歴代キャストの方々に加え、雪組トップスターの望海風斗さんが退団後即トートを演じる「スペシャルバージョン」が上演されることに。
総勢10名のトート閣下が一堂に介し、それぞれのバージョンの『エリザベート』を上演

する。そんな、夢のようなコンサートのオファーが奇跡的に私に届いたのである。宝塚歌劇団を卒業してから約2年が経ち、その間一度も劇場の板の上に立たなかった私に、だ。演じる配役は「ツェップス」……地下新聞の発行人で、皇太子ルドルフやエルマーら革命家と共に活動する人物。自身が過去に演じたことのある、とても思い出深い人物である。オファーを頂いた瞬間、飛び跳ねる程嬉しく、実際飛び跳ねた私は二つ返事で引き受けた。

「ぜひよろしくお願いします！」

とメールを送った次の瞬間……とんでもないことに気がついた。ツェップスは劇中、ハンガリー独立の為に革命家と密談する。そこにトート閣下が現れ仲間に加わる。

その際に……握手するのだ。

つまり、ツェップスを演じる私は歴代のトート閣下全員と握手ができる。

握手が………できるのだ！！！！！！！！！！

「ヤバイヨヤバイヨ」

嬉しすぎて語彙がヤバイヨだけになった私は小一時間部屋の中をグルグルと歩き回った。

が、しかし……

2年ぶりの舞台集合日

「え……歴代キャストのそれぞれのバージョンをやるってことは、歴代のトート閣下、皇帝フランツ、エリザベート皇后……錚々たるキャストの方々と、一緒にお稽古をし、舞台に臨むってこと?」

という、あたりまえにも程がある状況を今更ながら把握。

トップスターさんお一人とお話しするだけでも緊張して言語野カオナシになるワイが、見渡す限りスターさんしかおらぬ環境で……稽古なぞ、できるのだろうか。

更には……私が『エリザベート』に出演したのは2014年。そこから、およそ7年ぶりのツェップスだった。

……ななねん!!!

しかもそのうちの2年はステージにすら立っていない……。

「これは……なんとかせにゃならんぞ……」

そんなわけで、私の脳みその90%は「エリザベート・ガラ・コンサート」のお稽古への緊張感でいっぱいいっぱいになり、新婚生活を噛みしめるような余裕はなくなったのであった。

漠然とした不安にあたふたしている間に時は過ぎ、集合日当日に。

前日から予定表を何度見直しても不安すぎて、稽古場へ指定された時間の3時間前に到着した。そこから再度予定表を確認し「本当にこの稽古場で間違いないか」10回位確認、最後の2回位は指差し確認。時間も場所も間違いない。ここで、合ってる。でも、誰もいない。そりゃそうだ、早すぎるもん。私は稽古場近くの喫茶店に入り、楽譜を見返しながら時間をつぶした。

……思えば在団中から「集合日」なるものが苦手だった。そもそも私は「単独行動大好き派」なので、千秋楽後、次の公演の稽古までの束の間の休日をほぼほぼ家で1人で過ごす。ひとりで生活することの楽しさを噛みしめすぎると「団体生活」への免疫を完全に失う。誰ともコミュニケーションを取らなくなるので、コミュ力がゼロになるのだ。なので、集合日が近づいてくると「ああ……コミュ力を取り戻さなければ……」と気が滅入る。

感覚としては、小学生の頃の日曜日にサザエさんの放送が終わったあたりから囚われるわびしさ……いわゆる「サザエさん症候群」に似ている。まあ、実際始まってみれば楽しくなったりもするのだが、集合日前サザエさん症候群は何回経験しても克服できなかった。

「在団中でコレなのだから、今なんてもっとヤバイに決まってる……」

考えれば考える程憂鬱さは増していき、気がつけばあっという間に時が過ぎていた。

「ふぅ……（大きめのため息）行くか」

私は覚悟を決め、重い足取りで稽古場へと向かった。

稽古場は、コロナ禍なので万全の対策が施されていた。入り口には稽古靴の消毒マットが敷かれ、靴をしっかりと除菌し中へ入ると、自分の席へと案内された。席にはフェイスシールド、消毒スプレーなどの対策グッズが置かれており、席と席の間はパネルで区切られている。

そんな、さながらラーメン屋「一蘭」のような稽古場に……信じられない光景が広がっていた。

お稽古場に……トップスターさんが勢揃いしている……！！！

コロナ対策として出演者全員が集まっていた訳ではないのだが、それでも……それでも……それでも！！！

どこを見てもスターさんがいらっしゃるという夢のような空間が広がっている。

「なにこの贅沢過ぎるタカラヅカスペシャル……♪」

と、ウキウキ♪ワクワク♪した。

スターさん達はたとえマスク＋フェイスシールドというフル装備でも華やかだった。

オーラってもんは……不織布じゃ隠しきれないんやな……とナゾに誇らしくなった。お互い久しぶりの再会ということもあって、「キャ～やだ～久しぶり～！」と華やかに手を振りながらハグをしそうな勢いで近づき「あ……これ以上近づいたら駄目よね」と、エアハグをしている。

コロナ禍の鬱屈した日々を晴れやかに吹き飛ばす、キラキラとしたやり取り。私はそれをガン見ではなくチラ見しながらマスクの下で笑っていた（ヤバい）。

「どうしよう……もうすでにめっっっっっっっっっっっっっっちゃ楽しい」

先程まで1500字にわたって書き連ねてきた「集合日前の憂鬱さ」はどこへやら。

私は一瞬でこれから始まるお稽古の日々が楽しみで仕方なくなったのだった。

昔とったツェップスの杵柄

お稽古が始まる前に、先ずは全楽曲のパート分けと確認から始まった。

これで、一体自分は何を取り戻さなければならないのかを把握することになる。とてつもなく緊張しながら臨んだ。

頭から確認が始まり「♪我ら息絶えし者ども」の前奏が鳴る。

そして、第一声を発した瞬間……自分でもびっくりしたのだが、歌唱法や気をつけるべきことなど、当時の記憶が一気に押し寄せてきて、頭で考えなくとも身体が勝手に歌ってくれているような感覚に包まれた。

あの頃、毎日毎日譜面と睨めっこをし、携帯ピアノで暇さえあれば音程を確認していた苦労は、7年という月日を経ても色褪せずに身体に染みついていた。あの時の自分が、ちゃんと頑張ってくれていてよかった。努力は裏切らないのだなあ、と感慨深くなった。

そしてそれはツェップスだけでなく、一幕冒頭の「♪ようこそみなさま」の場面でも遺憾なく発揮された。ガラコンではシシィの「親戚の叔父」も演じることになったのだが、これも当時演じていた役どころだ。その際「♪我が家のトピックス〜」という、シシィの母ルドヴィカのソロの後の「♪なんだろう？」という二重唱というかハモりに、『エリザベート』の楽曲の中で一番と言って良いほど苦戦した記憶があり、取り憑かれるように練習していた。なんなら、当時一緒に歌っていたあかさん（下級生の綺城《あやき》ひか理《り》）と、不意打ちで「我が家のトピックス〜♪」と囁かれたら「なんだろう♪」とハモるべし、という謎の特訓までしていた。

おかげで今も、たとえ寝起きだとしても「我が家のトピックス〜♪」と囁かれたら完璧な音程で「なんだろう♪」とハモれる自信があった。私は過去の自分に導いてもらいながら親戚のパートを歌った。

歌唱指導に入っていたちあきしん先生にも
「いつもこの親戚のパート練習で時間取るのに……今回は完璧‼」
と褒められた。なんだかとても嬉しかった。
杵柄はとっておくに限る……そう思った（使い方違うと思うが）。

稽古場日記

さて、自分自身の役に対する予習復習があらかた完了したところでお稽古開始。基本的には歴代キャストさんのバージョンごとに進められた。

ただ、歴代キャストの方々は現在も様々な公演に引っ張りだこなので、別バージョンの方が入られたり、たった一度しか稽古場に来られない方もいらっしゃった。私は全日程メンバーだったので、基本的に毎日稽古場へ行き、全歴代キャストの方々とお稽古させて頂いた。

歴代キャストの皆さんとお芝居させて頂き、それぞれのバージョン、それぞれのキャストで作品と役にここまで違いが出るのかと心から感動した。

ここからは、各バージョンごとに稽古場日記として書き連ねていこうと思う。

……のだが、なんとアニバーサリーバージョンの稽古場日記だけで軽く５０００字を超えてしまった……（正直、まだまだ書き足りないこともあるのだが）。
よって、次回に持ち越しとさせて頂く。

第23場　稽古場日記～アニバーサリーバージョン～

96年星組バージョン

麻路さきのさんトートは、「死」という概念に、ワルさやイタズラっぽさのようなトートの「パーソナリティ」を吹き込まれた方なのだと思った。生きていたら普通しないよね、というような姿勢や態度で存在というか、「君臨」されている。なのに、エリザベートに対する想いは誰よりも真摯で……こりゃあ、エリザベートもトート一択でしょ！と思いきや……稔幸《みのるこう》さん演じる皇帝フランツの思いもまた真っすぐで……。母であるゾフィーに厳しく育てられ、国を背負う責任感に雁字搦めにされつつも期待に応えられる器を持っているフランツが、自由な心を持つシシィに惚れるのは必然だわ……。

そして、白城《しらき》あやかさん演じるエリザベートが本当に穢れのない純粋な自由さを兼ね備えていて、こりゃあ出会って1秒で前奏流れるわ！「♪その瞳が～」って歌っちゃうわ！！！と首がもげそうなほど頷ける作り込みで。とにかく御三方の三角関係が凄くステキで。

特に「♪最後の証言」でエリザベートを取り合うトートとフランツの掛け合いはカッコよすぎる。

「どうしよう……選べない……！！！」

と自分ごとのように悶えつつコーラスする日々。

麻路さんの美しく存在感のある手がまた素晴らしくて。お顔だけではなくてトートの想いが手からも溢れていて。しかも、本番は当時も着けていらっしゃったアクセサリーを手に着けられていて。表現が更に増し増しで一生見ていたかった。

カフェの場面で麻路さんと握手した時、「この方となら絶対に革命を起こせる」という頼もしさを感じた。それが死に近づいていることも知らずに……。

そして、最後、エリザベートがトートと歩む道を選択し、黄泉の世界で2人が抱き合うシーンの、麻路さんの包容力が凄くて……。ああ、本当に本当に愛していたんだ……ということが真っすぐ伝わってきた。お稽古中、「♪愛のテーマ」を歌う際にエリザベート役の白城あやかさんが感極まって涙された時、抱きしめて肩をポンポンとフォローしながら歌う麻路さきさんのお姿に感動しすぎて何故か私が号泣した。

98年宙組バージョン

姿月あさとさんは、私が初めてタカラヅカの舞台を観た『激情／ザ・レビュー'99』のトップスターさんだ。

初めて観た時から一瞬で心つかまれ、その日母親に土下座する勢いで公演のＶＨＳと、『激情』の姿月さんのワンシーンショットのモノクロのカレンダーと、姿月さんの愛称である「ずんこさん」の「Ｚ」の文字盤の時計を買ってもらったことを今でも鮮明に覚えている。その日から毎日ＶＨＳを擦り切れる程見て、今でも全編空で言える。時計は、宝塚音楽学校の受験時にも着けていった。ポスターは今でも部屋に貼ってある。当時小学校で雑誌などの切り抜きを下敷きに入れるのが流行っていたのだが、私はそこに『ザ・レビュー'99』のチラシを挟んでいて、友達に「なにこれ」と聞かれ、「私が将来入るところのチラシだよ」とか大口を叩いていた。

そんな姿月さんと共演できるという事実に、もちろん嬉しかったが、あの時客席から見つめていた方と、同じ板の上に乗るという事実に、

「え……姿月さんと私の世界線が交わることが……あるんだ」

という若干の戸惑いもあった。

……前置きが長くなりすぎたか……いやまだまだあるが……。

姿月さんのトートは、「纏う」ような感覚に近い気がする。歌声、仕草……何もかもが黄泉の帝王として存在している。殊に歌の表現が完成されている。それぞれの楽曲の表情が繊細で、すべて違う。初めて姿月さんの「♪最後のダンス」を生で聴けた瞬間号泣した。マイクの持ち方からして違う。これまで幾度となく歌ってこられたからこそ、自分の歌声がしっかりと響き渡るマイクの角度を御存知なのだと思う。歌で表現することにすべてを懸けられている、そんな気迫を感じた。

姿月さんと握手した時、突き刺すような冷たさを感じた。「この人、人間なんだ……よな？」という、自分自身とは明らかに違う存在感にツェップスは戸惑いを隠せない、そんな芝居になった。

ただ、ひとたび稽古が終わると、心の中で（コロナ禍じゃなかったら一生手洗わないのにな……）と荒ぶりながら、表向きは静かに手のひらを見つめた……。

姿月さんがトートのスイッチを入れると、稽古場全体にとても良い緊張感が生まれる。

「ああ、この御方にすべてを捧げなければ」

と、自然と跪きたくなるような感覚に包まれるのだ。

それを一身に受けているのが湖月《こづき》わたるさん演じるルキーニ。ルキーニは、ストーリーテラーでもある重要な役だ。わたるさんが姿月さんトートの手となり足となって、とても大きなスケールで、場の空気を掴み、動かしていくので、翻弄されるがままに芝居が進んでいく。

わたるさんは、宝塚歌劇団に所属するすべての生徒に分け隔てなく接して下さる。いつも花組公演を観に来られていて、当時楽屋で「おもしろい芝居しているわね」とお声がけ下さった、とてもお優しい御方だ。

姿月さんと初めてご一緒させて頂いた稽古の休憩時も、

「たそ良かったね！　私も受験生時代憧れていたスターさんがいたから､気持ちわかるよ」

とお声がけ下さった。

「いや！　私はアナタにもドキドキしているんですがエスカミリオ様ァ！！！！（『激情』でのわたるさんのお役）」

と、騒ぎまくる心を落ち着かせるのに苦労した……。

そんな、トート閣下とルキーニの最強タッグに和央《わお》ようかさん演じるフランツが颯爽と介入してくる。ナチュラルボーンファビュラスな和央さんの、そこはかとないモテ男感溢れるフランツが姿月さんの突き刺すような空気感のトートと対峙する時のバチバチ感が堪らない……！　なのに、休憩時の御三方はとても仲睦まじく写真を撮ったりお話ししている。見ているこちらまで微笑ましくなった（実際チラ見しながらマスクの下で笑っているんだから……ヤバいよな）。

02年花組バージョン

春野寿美礼さんは私が花組に配属された時のトップスターさん。

纏うオーラは神々しくてまさに神様のよう。トートとして君臨されている時も、カリスマオーラがあって、「ああ……こんなにステキな方が『死』だというのなら、黄泉の世界もいいところなのかもな……」と思わせてしまう程の説得力。

しかし、ふとした時に見せる冷徹な視線に、自分の魂が握られているような感覚になる。ギャップが凄い。ヤバい。ひとたび歌われると耳が幸せになりすぎてヤバい。声自体に人の心を掴む周波数が備わっているのだと思う。

オサさん（春野さんの愛称）は、カフェに入ってきて「♪奇遇です」と歌うまで、物凄く穏やかな表情で静かに近づいてくるのに、握手を交わす時、目つきがほんの一瞬だけ鋭くなる。本当に一瞬なので多分それが見えるのは私だけだと思うのだが、グワッと心を掴まれて動けなくなる。

その後はまた穏やかな表情で接して下さるので「勘違い……か？」となるのだが、本当にその一瞬めちゃくちゃドキッとする。

そんな春野さんトートと一蓮托生のような関係性の瀬奈じゅんさん演じるルキーニ。お二人のタッグは「最強」みがヤバい。ドキドキする。なんか語彙力を失う。とにかくヤバい。休憩中も、なんなら稽古中のふとした瞬間も、お二人は楽しそうにつるんでいらした。

下級生の頃、スターさん達が稽古場でキャッキャウフフとお戯れになるのをチラ見しながら「いつかあの輪の中に入れたら……」と猛烈に憧れていた頃の自分を思い出した。

そして、「自分の意思」をしっかりと持ち、貫く大鳥《おおとり》れいさんのエリザベート。初めてご一緒させて頂いたのにもかかわらず大鳥さんのほうから話しかけて下さったり、普段はとても親しみやすい空気を纏っておられるのに、ひとたびエリザベートを演じられるととても気高い。大鳥さんの芯の強さがエリザベートとリンクしていて、とてもステキだった。

更に、彩吹真央《あやぶきまお》さん演じるエリザベートの息子ルドルフが……とてつもなく切ない。革命家や市民の叫びに耳を傾け、全員の意見を立てようとした結果、誰ひとり救うことができず、それを憂えて自殺してしまった……そんな風に感じさせる。本当に唯一の救いが母親であるエリザベートだったのだと、顔色をうかがう仕草から想像できる。

普段からとても細やかな気遣いで、当時下級生だった私にも話しかけてきて下さった彩吹さんのパーソナリティとリンクする、とてつもなく優しいルドルフだと思う。

05年月組バージョン

彩輝なおさんのトートはミステリアスで惹かれる。

これ以上近づいたら絶対沼に落ちるのがわかっているんだけど引き寄せられる……みたいな。失楽園みたいな……。

まさしく「月」のような「ミステリアス妖艶」なスターさんの系譜は、とても魅力的だと感じている。彩輝なおさん然り、大空祐飛《おおぞらゆうひ》さん然り……ちなつ（鳳月杏）然り。

花組が「動」のオーラだとすると月組は「静」のオーラというか……静かに、でも確実に心奪われるような感覚に陥るトートだと思った。

そこにワイルドでスマートな霧矢大夢《きりやひろむ》さんのルキーニがしっかりとサポートするような形で従っている感じがカッコいい。

更に、ミステリアスで妖艶な大空さんのルドルフが儚げで、「私が守らなきゃ……！」

と思わせる（おい）。

「♪闇が広がる」での、彩輝さんと大空さんの絡みが凄く素敵で。同じオーラを感じるから、ルドルフには鮮明にトートが見えているんだろうな感が凄い。惹かれ合っているというか……リンクしているというか……。絶対に割って入れない関係性というか……。耽美な世界が広がっていた。

07年雪組バージョン

水夏希さんのトートは正しく「黄泉の帝王」というか、生殺与奪の権利を一番持っている感じがした。

ご自身の演じたいプランや歌のアレンジなど、「水さんにしかできない表現」を突き詰めていらっしゃり、多分とてもロジカルに稽古を進める御方なのだと思った。

私にも、カフェの場面で握手する際「もっと冷たッ！って反応してくれる？」など沢山のアドバイスを下さった。お稽古をご一緒させて頂く中で自分自身が一番進化していったバージョンだと思う。

はじめの頃は、物凄くスマートに計画的に稽古を進めていくという、とてもキッチリとした印象だったのだが、ふとした瞬間に「あれ！　間違えた！」などと、とてもチャーミングな表情を垣間見せたりして、私はすっかり心を持っていかれた。お会いすればするほど魅力が増す、カッコいいリーダーのような存在だと思った。
そんな水さんに、なんというかとてもいい意味で「一筋縄ではいかない女性」として立ちはだかる白羽《しらはね》ゆりさん演じるエリザベート。とにかくお美しい。そしてとても気丈でカッコ良いなと思った。

更に彩吹真央さん演じるフランツはとても聡明で、花組バージョンではルドルフ役だったのに、今度はルドルフに立ちはだかる壁となり、ただ、そこまで追い詰めるつもりはなく、道を誤ったルドルフを正そうとしていただけに見えるところがまた切なく。エリザベートの事も心から愛していて、最後の証言でトートに立ち向かう姿がカッコいい。

09年月組バージョン

瀬奈じゅんさんのトート……それは甘い媚薬。稽古序盤の時「ヤバーい！　思い出さなきゃー！」みたいな感じで、明るく楽しくムードメーカーとしてお稽古を進められていたのだが、ふとした瞬間にスイッチを入れて「♪最後のダンス」をとてつもなくカッコよく歌われる。歌い終わった瞬間黄色い歓声が稽古場に轟く……という、とんでもなく「ハート泥棒」な御方だった。お稽古でご一緒するのは初めてだったので、瀬奈さんのカッコよさに免疫がなさ過ぎて自分の身が持たないなと思った。握手する際もデレデレしないように直前は悲しい事ばかり思い出すようにしていた。

そこに、霧矢さん演じるフランツが、ゾフィーに完璧に育てられ成長した完璧な皇帝としてしっかりと瀬奈さんと対立関係になり、なんというか……少女漫画のヒロインが「選べないよ……っ」てなりそうな夢のような三角関係だった。

瀬奈さんはトートとルキーニ、霧矢さんはフランツとルキーニ、そして彩吹さんはフランツとルドルフ……一つの作品の中で様々な役どころを全然違うアプローチで演じ分けられている御三方に心の底からリスペクト心が湧いた。

あと……越乃《こしの》リュウさん演じるマックス（エリザベートのパパ）の……色気がすごくて。この人は恋に奔放でしょうね！　自由でしょうね……！と思った。

なんだろう……月組さんの引力のように引き寄せる魅力が……コワい。でも……気になっちゃうの……ワタシ……どうすれば良いの……！

1人で勝手に困って勝手に震えていた。

稽古場日記……？

さて、ここまでつらつらと稽古場日記を書いてきたが……すべての方々との稽古を通して思うのは、「ガラコンサートは今この時だからこそ生まれる魅力に満ち溢れている」ということ。

歴代キャストの方々は上演された当時の番手の役を演じられるが、後にほぼ皆さんトップスターさんになっているので、スケールが何百倍も大きくなる。更に、タカラヅカを卒業し様々な道へ進み、人としての魅力が増した上で、当時のハイクオリティな役柄を瞬時に自身に降ろす。

そして生まれる最強の『エリザベート』という作品。

稽古中、毎回毎回新しい発見があって、そのひとつひとつに感動しっぱなしで気が気じゃなかった。

ところで、自身も出演しつつなぜここまでスターさん方の動向を追うことができたのか、気になる方もいらっしゃるのではないだろうか。

答えは簡単……ガン見していたからである。

コーラスとして、ツェップスとして、親戚の叔父として……本来ならば正面を見て歌わなければならないシーンも、私だけはスターさん方をガン見していた。なんなら身体ごと。

だって！　稽古中しか見られないんだもん!!　本番は絶対見られないんだもん！！！

もし見なかったら、我が人生に一片の悔いが残る。怒られてもいい。見よう。そんな気持ちだった。

勿論、自分に課された課題は沢山あった。あったのだが……それと同じく、いや正直に言おう、それよりも、スターさん方の動向を追いかける事に夢中になっていた。

そしてそれは、演出の小柳《こやなぎ》奈穂子《なおこ》先生にも……バレていた。

ある日の稽古中、いつものように正面を見るべきシーンにもかかわらずトップさん方をガン見している私に、

「たそさん、毎日……うかれてますよね？」

と、冷静且つ突き刺すように聞いてきた。

「……すみません」

私は素直に認め、素直に謝った。

他の演者の方が演技に関するダメ出しを受けている中、私だけ稽古に対する心がけについてダメ出しされるという……。

私は瞬間、心を入れ替え、

「これからは、革命の事だけを考えて生きていきます」

そう、小柳先生に誓った。

第24場　稽古場日記〜フルコスチューム・スペシャルバージョン〜

稽古場日記その②

前話は、私が宝塚歌劇団という存在を知り志すきっかけを下さった、いわゆる「憧れの世代」の方々とのお稽古場日記（というい名のオタク語り）を思うがまま書き連ねたが、最後に、宝塚歌劇団に入団した時からずっとお世話になっていた、いわゆる「歴戦の勇者達の世代？」の稽古場日記をお届けしたいと思う。

16年宙組バージョン

私が花組に配属された時から、5期上のまぁ様（朝夏まなとさん）はほとんどの作品の新人公演の主演を務められており「この方が未来のトップスターさんになられる御方なのだ……」と、ただただ憧れる存在だった。そこから自分自身も学年が上がるにつれて、まぁ様主演公演の『BUND／NEON 上海』や『CODE HERO』など、数々の作品でお芝居する機会が増えていった。

「まぁ様がトップスターになる時、支えられる存在になりたい……」

と思いながら精進する日々だったのだが……まぁ様は宙組へ組替えされることになった。


その後、宙組でトップスターとして輝くまぁ様を客席から見つめながら、

「やはりまぁ様はトップスターになられる御方だったのだ！」

という心からの尊敬の想いと、

「できることなら……背中から見つめたかったなぁ……」

という少し寂しい気持ちが交互に押し寄せてきてとても忙しかった。

それがいま！　時を経てガラコンという形で同じ舞台の上でご一緒できる日が来ようとは……!!　それだけで本当に光栄だった。とてもとても嬉しかった。

まぁ様は、稽古開始前「覚えてるかな～？」と、少し不安そうにしていた……のだが！

稽古が始まると同時に一瞬で黄泉の帝王に変身。確認も1回ずつで終了。楽曲もセリフもすべて完璧に脳内に保管されていた。宝塚歌劇団を卒業してからも沢山の舞台に出演されており、当時も別の舞台の本番を控えていたにもかかわらず……！である。

とてもスマートだ。これこそが、プロの所業。

「これが……朝夏まなと様なんや！」

と、まるで自分の手柄のように自慢げになった（私は自分の大好きな人が凄いと自分事のように自慢したくなるタイプの人間だ）。

本番。

舞台稽古もかなり限られた回数の中でしか確認できていなかったこともあり、少し緊張されていらっしゃるご様子だった。

そんなまぁ様のお姿を見て、『愛と死のアラビア』の新人公演の頃を思い出した。当時、主役のトマス・キース（本役…真飛聖《まとぶせい》さん）の役をまぁ様が演じられていた際、私はまぁ様の御付きのメドヘッドという役を演じさせて頂いていた。

メドヘッドは常にトマスのお側にいる役だったので、本番の開演前もまぁ様の隣でスタンバイしていると、まぁ様が「緊張する……」と言って手を擦り合わせていた。緊張して手が冷たくなっていたまぁ様に、「私いつ何時も手があったかいんです」と、謎の逆ナンのような声掛けをしたところ、まぁ様は「ほんと？」と言って手を触り、「あったか〜い」と微笑んだ。

私は少しでもまぁ様のお力になれたことが嬉しくて、なんかもうそれだけで新人公演をやりきったような気持ちになったことを今でも覚えている。

そんな過去の思い出がフラッシュバックし、自分の手のひらの暖をお渡しししようかと少し悩んだが……その必要はなかった。

本番が始まると同時にまぁ様は先程までの緊張はどこへやら、堂々とトート閣下を演じきった。その堂々たる姿に導かれるように、こちらもとても集中して公演を演じ切ることができた。まぁ様は正真正銘の「真ん中に立つ御方」なんだと心から思った。

14年花組バージョン

7年前に私が出演したバージョン。

私の世代は、98年宙組バージョンや02年花組バージョンを見て「宝塚歌劇団に入りたい！」と思った人が多いんじゃないかと思う。それくらい憧れの作品に、まさか自分が出演できるとは思ってもみなくて、公演発表時は嬉しいという気持ちの前にびっくりしすぎてフリーズした。

当時のお稽古中のあれやこれやは前作『こう見えて元タカラジェンヌです』に収録されているので割愛させて頂くが、私はツェップスという役を掴むのにかなり苦労していた。

しかし、明日海りおさんは違った。

明日海さんは14年花組バージョンの段階で、3度目の『エリザベート』出演だった。在団中一度も『エリザベート』に出演することなく卒業される生徒も多い中で、3回も巡り会う。最早、「エリザベートの申し子」と言っても過言ではなかった。

明日海さんのトートは息をのむ美しさに包まれた「孤高のカリスマ」。あまりにも美しいと逆に少し脅威を感じるというか、研ぎ澄まされた冷たさがあって、そこに当時この作品がトップスターとしてのお披露目公演だった明日海さんの研ぎ澄まされた緊張感が相まって、いい意味で誰も近づくことのできない、唯一無二のトート像を創り上げていた。


それから7年……。

5年半もの間花組のトップスターを務め、卒業してからも様々な作品に出会ってきた明日海さんの印象は、当時よりもいい意味でとても柔らかくなっていた。共に公演を重ねることで生まれた信頼感や絆がそうさせてくれたのかなと思う。

稽古場では、当時と変わらずとても謙虚でホワッとしていて凄く癒されていたのだが、ひとたび歌い出すと温かみを帯びたから余計冷たく感じる、ハイパースケールアップしたトートがそこにいた。

そんな明日海さんトートが追い求めるエリザベートを演じる蘭乃《らんの》はなは「根性の人」。蘭ちゃんは同期で、私は音楽学校予科の時の蘭ちゃんの歌唱力を知っている。初めて聞いた時、彼女の歌声は歯に衣着せぬ言い方をすると「呼吸」だった。声帯が擦り合わないから声にならない、というような感じだ。声楽の成績も芳しくはなかったし、発表会で歌うパートも、1曲のうちわずか1小節の時もあった。

そんな蘭ちゃんが時を経てトップ娘役になり、その集大成でエリザベートを務める。集合日、蘭ちゃんは「血を吐くほど努力します」と宣言し、その宣言通り（血を吐いてはいないが）物凄い努力をし、圧巻のエリザベートを体現した。ここまで努力し成長したタカラジェンヌはそうそういないと思う。

蘭ちゃんは、時を経て更に更にパワーアップしていた。彼女の「エリザベートを演じる」という強い信念は、そのままシシィのパーソナリティにも繋がっていた。

「心のままに自由に生きる」という強い信念のもと、姑ゾフィーと真っ向から対立する。今まで見てきたシシィは、ゾフィーの方がパワーバランスが圧倒的に強いイメージがあったのだが、蘭ちゃんの演じるシシィは対等というか、なんなら時々勝っている瞬間がある。初めて「あ、シシィも悪いところあるかも……」と思わせてくれたというか（笑）。

自由に生きることにストイック過ぎて、誰も横に並べない。だから孤独になって、明日海さんの演じる「静かに、でも確かに忍び寄る死の気配」が纏わりつく。そんなトートに対しても「絶対負けない（死なない）！」と真っ向から対立する。シシィの生きるエナジーに触発されてトートもギラギラしてくる。2人の「愛の駆け引き」が見ていてとても清々しい。

何度も何度も再演を重ねているので、物語のオチを知っているのに、最後の最後まで「どっちが勝つんだろう」と思わせてくれる、新たな発見に満ちた『エリザベート』だと思う。

そんなシシィを愛し、トートと対立するフランツを演じる北翔海莉《ほくしょうかいり》さん。みちこさん（北翔さんの愛称）のフランツは、しっかりとその時代を生きる、人間味溢れる人物像だった。ガラコンの稽古当時お子様が生まれたばかりで、仕事もプライベートもとてもお忙しい身であったのにもかかわらず、そんなそぶりを微塵も見せないでいつもカラッと明るく、お稽古終わりには「♪ミルク」のシーンの如く「赤ん坊が待ってるんだ！」と言って稽古場を後にする。その場にいる人達全員を笑顔にしてくれる、ホスピタリティの凄まじい御方。お会いするたびにいつも頭が上がらなかった。

そして、フルコスチュームではもう1人、シシィを演じることとなったかのちゃん（花《か》乃《の》まりあ）。

かのちゃんは14年当時新人公演でシシィを演じ、その後トップ娘役として明日海さんの相手役に。可愛らしい見た目とは裏腹に、宴会の余興に命をかけるアツい一面を持ち、在団時には私の家で稽古した思い出がある。

かのちゃんもまた「根性の人」なのだが、今回のガラコンのお稽古の際には、そこに「覚悟」が加わっていた。かのちゃんは「花組元娘役トップスター」としてではなく、「ひとりの女性」としてシシィに向き合っていた。そして覚悟を決めて、正々堂々とトートと向き合い、シシィの人生を全うした。

劇団を卒業してから暫く会わないうちに演者としても人としても凄まじい成長を遂げたかのちゃんに驚き感動したが、フルコスチュームのカーテンコールで、卒業してから再び明日海さんと公演できることに、勇気を出して挑戦してよかったと涙するかのちゃんに、どれだけの思いで覚悟を決めたんだろう……と、こちらも目頭が熱くなった。

スペシャルバージョン

今回のガラコンサート最大の目玉でもある「スペシャルバージョン」。

そこでトート閣下を演じることになったのが、雪組トップスターとして2021年4月に宝塚歌劇団を卒業したばかりの望海風斗さんだ。私もガラコンのお稽古中に、のぞ様のサヨナラ公演『fff／シルクロード』を観劇していたくらいなので、本当に近々までトップスターとして君臨されていたのぞ様が、千秋楽後僅か1か月も経たぬうちに今度は「トート閣下」として君臨されるなんて、当時は考えも及ばなかった。考えは及ばなかったのだが、発表を聞いた時「絶対やらなあかんやつやん！」とグッとガッツポーズした。

というのも、のぞ様のトート閣下を、私は一度フルで目の当たりにしたことがあるのだ。それは……14年花組バージョンでの「代役通し」でのこと。

普段、宝塚歌劇団の公演はすべての配役に代役があるのだが、発表されるだけで「通し稽古」はしない。だが、『エリザベート』は公演中何が起こるかわからないので「通し稽古」がある。そこでトート閣下を演じたのがのぞ様だった。

のぞ様の隙のない完璧なトート閣下を観た時、

「これは……生きとし生けるすべての方々に観てもらわなければならない」

と私は静かに頷いた。それが……こんな形で実現するとは。そしてそれを背中から見つめることができることに感動した。のぞ様もまた、新人公演時代にご一緒させて頂いたスターの道を歩まれる御方だったから。

のぞ様はスケジュールの都合上、ガラコンの公演が始まってからの合流だったので、最初にご一緒したのがすでにステージ上だった。

にもかかわらず、14年バージョンで演じられたルキーニも、そしてスペシャルバージョンのトート閣下も「完璧」だった。

リズム、音程共に難易度の高い楽曲を、伸びやかに高らかに歌いあげていた。それも、いともたやすく。「♪最後のダンス」なんて、この世の絶対音感がある人と音大の先生全員が１００点満点を出すくらい正確な「♪お――れ――さ――」だった。

痺れた。

ここまで正確且つ完璧な歌唱をお届けする為に、のぞ様が限られた時間で物凄い努力を重ねてきたことが同じ演者として痛いほど感じられ、カゲコーラスしながらなぜか私がガッツポーズした。

その完璧なトート閣下に追い求められるシシィを……夢咲《ゆめさき》ねねさんと、なんと明日海さんがＷで演じるなんて、誰が想像できただろうか。

スペシャルなんて言葉じゃ収まらない位スペシャルだった。

ねねさんのシシィはもう……圧倒的に「魅力がすごいよ」だった。ツェップスとしては芝居でご一緒することはなかったが、親戚の叔父としての出番で関わることができ、私はまたしても大きなガッツポーズをした。

そして本番、そのあまりの可愛らしさと美しさに完全にデレた。こりゃあ、フランツ選んじゃうわ〜わかるわ〜と赤べこのように頷いた。

そしてもう1人のシシィを演じたみりおさん（明日海りおさんの愛称）。

これが……また……もう「かっ…………………かわいいいいいいいいいいいいいいいいいいいいいいいいいいいいいいい」くて。

そりゃあ、フランツ選んじゃう以下略。

でも、トートに通ずる「闇」がしっかりと心に存在していて。同期であるのぞ様と、明日海さんの、同じ時代を生きたトップスター同士だからこそ分かり合えるような想いを共有していて、誰も間に割って入ることができなかった。

最後の「♪愛のテーマ」のコーラスをしながら、この2人にしか行くことのできない「黄泉の世界」が生まれた……と、深く感動した。

そして、このスペシャルバージョンでフランツを演じたのが、14年花組バージョンの代役稽古でフランツを演じていた鳳真由さんだ。

鳳さんのフランツも、代役稽古時に「全世界に観てほしい」と思っていたので、時を経て巡ってきた奇跡の共演に胸が熱くなった。

朝夏さん、明日海さん、望海さん、御三方と共に沢山の作品で支え合ってきた鳳さんにしか出せない関係性と、学年の差を感じさせない堂々たる振る舞いと太平洋よりも大きな包容力が、フランツとしてこの世に生きていた証をしっかりと残してくれる。

「早く……一刻も早く皆様に観て頂きたい……！！！」

はやる気持ちを抑えながら稽古する日々だった。


そんな「スペシャルバージョン」がいよいよお客様に披露される……直前、まさかの緊急事態宣言再発出。

身体から血液がゴッソリ抜き取られるような、体験したことのない脱力感に襲われた。

「誰も悪くない……でも、とてつもなく悔しい」

生まれて初めて感じる責めようのない悔しさに包まれながら、ふと

「現役のタカラヅカの生徒さん方は、この気持ちと闘っているのか」

と思った。

こんなに辛い思いを抱えながら、それでも夢を届ける覚悟を持ち、稽古に励んでいる。

なら、私も前を向いて進むしかないよな。

悔しさはやる気に替わった。ガラコンの制作の方も物凄く早く対応を取って下さり、この日以降スペシャルバージョンすべての公演がライブ配信されることになった。


無観客で迎えた本番。

演出の小柳先生も仰っていたが、誰もいないはずの客席に今までと同じ位のお客様の視線を感じた。それは出演者全員にとても良い緊張感を与え、物凄く集中して公演することができた。

結果、想像をはるかに超える沢山の方に配信を視聴して頂いたらしく、余りの多さに館内放送が流れたほどだった。

新たなるトート閣下の爆誕に相応しい、新たな届け方になったのではないか。

カーテンコールでのぞ様を見つめながら、そんな風に感じた。

私が取り戻さなければいけなかったもの

今回、ガラコンサートに出演させて頂き、錚々たるキャストの皆さんとこうして同じステージに立てたことで、私の「作り手としての目標」も定まった。

「舞台を創る側になりたい」

そう思い宝塚歌劇団を卒業した。

客席を見つめて芸を磨いていた日々は、サラリーマンになり、パソコンを見つめて表現を言語化する日々に変わった。

フリーランスになり、1人でパソコンに向かいながら、ここの表現はこれで良いのか？　もっといい表現があったんじゃないか？　と自問自答する毎日。

ディナーショーやイベントなどで「誰かの前でパフォーマンスを披露する」機会はあるにはあったが、在団中とは比べものにならないほどに減った。

そんな私が2年ぶりにステージに立つ為には、取り戻さなければならないことは沢山あった。

でも、稽古が始まりワンフレーズ歌った瞬間から、7年前に叩き込んだ表現のすべてが、色褪せずに自分の身体に叩きこまれていることを知った。

更には稽古中「この方にこんな役を演じてもらいたいなあ」「この人がこのセリフ言っ

たらどうなるかな」など、共にステージに立つキャストの皆さんの表現を目の当たりにすることで、「作り手」としてのアイデアも浮かび出した。

卒業した当初「出演」と「脚本・演出・制作」は別物だと、切り離して考えていた自分がいたのだが、それはとんでもない間違いだった。

舞台に立っていたから書けるセリフ運び、男役を演じていたからわかる理想の王子様像、早変わりに慣れているからわかる衣装チェンジにかかる時間……など、「元タカラジェンヌ」だから創れる作品が、絶対にある。私はそれを目指したらいい。

そんなことに気づかせてもらえた、とてもとても大切な経験となった。

「舞台を創るという夢を叶える為に、これからもステージに立ち続けよう」

私はそう決心したのだった。

さよなら皆様

皆さんは、新たな一歩を踏み出す時、どんな気持ちですか？

私は……ただただ怖かったです。


15年間タカラヅカの世界しか知らない自分が生きていくことが果たしてできるのだろうか、一旦リセットされた人間関係を一から構築することができるだろうか。

不安と恐怖に包まれながら、社会人人生に飛び込みました。

私のA・Tフィールドは出力最大。自分から話しかけることなど、ほとんどできなかったです。

ですがそんな私を見捨てず、会社の上司や取引先の方、OGさんに至るまで、様々な方が引っ張って下さいました。

そのすべてのきっかけを繋いでくれたのは、紛れもなく宝塚歌劇団でした。

15年間過ごした夢の世界が、自分の新たな夢を叶える道を作ってくれていた。

リセットされたと思っていた人間関係は、きちんとコンティニューされていたのです。

卒業してから、こんなにも自分の故郷に感謝することになるとは思ってもいませんでした。

「今度は私がお返ししたい」そんな思いを胸に、今も歩み続けています。

最後に、撮影の四方花林さん。前回に引き続き類まれなるセンスとアイデア、そして技術で支えて下さいました。デザインの芥陽子さん。前回、今回とご一緒出来て「天真みちる」の可能性を昇華して下さりありがとうございます。

そして、毎度毎度ギリギリでいつも生きている私を見捨てなかった左右社さん。最早準社員？ってレベルでオフィスにお邪魔していたのに、いつも優しく接して下さりありがとうございました。

更には佐藤二朗さんに素晴らしい帯文を頂きました。光栄すぎてタカラヅカの佐藤二朗は震えております。

そして、この本を手に取って下さいました皆様。

心からの感謝の気持ちでいっぱいです。本当にありがとうございました。

『こう見えて元タカラジェンヌです　遅れてきた社会人篇』の公演はすべて終了致しました。

またのお越しを心よりお待ち申し上げます。

天真みちる

社会人・天真みちる（第一期）のあゆみ

2018	11.1		**エンタメ系プロデュース事業会社に就職**
2019	3.31	出演・演出	「天真みちる天真爛漫ショー」（第一ホテル東京シーフォート）
	7.14	出演・演出	「天真みちる天真爛漫ショー～歌って踊れるサラリーマン編～」（如水会館）
	8.1		**フリーランスに転身**
	8.20～9.20	演出	七海ひろき初ワンマンライブ「One-man LIVE773"GALAXY"」
	10.14	執筆	『こう見えて元タカラジェンヌです』（cakes）連載開始
	11.1	脚本・演出	ボイたまプロジェクト朗読劇 vol.1「white Swan」
	11.19	演出	ちあきしんLIVE「another voices」
	12.24～12.26	演出	「七海ひろきクリスマスディナーショー」
2020	1.7	運営	オンラインサロン「天真みちるのたからづか☆カンゲキ組」開設
	1.24～2.2	脚本・演出	舞台「RED&BEAR～クィーンサンシャイン号殺人事件～」

2・1	構成	「芽吹幸奈 Lunch&Dinner show ～Blooming～」
6・17	執筆	書籍『仕事本　わたしたちの緊急事態日記』（左右社）にエッセイ寄稿
6・24	企画協力	中村世子『レビュダン！』（講談社「デザート」）漫画連載開始
2021		
1・16	脚本	JYT MUSIC SALON #1「野島健児スペシャル！～野島健児の声をめぐる冒険～」
1・29～2・14	出演	舞台「こちとら大奥様だぜぃ！」（明治座）
2・8		**ひろくんと結婚**
3・31	執筆	書籍『こう見えて元タカラジェンヌです』（左右社）出版
	出演・演出	「天真爛漫ショーリベンジ ～こう見えて元タカラジェンヌです出版記念特別編～」（東京會舘）
4・5～5・5	出演	舞台「エリザベートTAKARAZUKA 25周年 スペシャル・ガラ・コンサート」（梅田芸術劇場・東急シアターオーブ）

to be continued...

本書は、「こう見えて元タカラジェンヌです　遅れてきた社会人篇」連載
（「cakes」二〇二一年一〇月〜二〇二二年三月、「FREENANCE MAG byGMO」
二〇二二年八月〜二〇二三年一月）の記事に、加筆修正と書き下ろしを加えた
ものです。

天真みちる（てんま・みちる）
2006年宝塚歌劇団に入団、花組配属。老老（若は皆無）男女幅広く男役を演じる。また、タンバリン芸でも注目を集める。2018年10月に同劇団を退団。2021年「たその会社」設立。代表取締役を務め、「歌って踊れる社長」に。舞台、朗読劇、イベントなどの企画・脚本・演出を手掛ける傍ら、自身もMCや余興芸人として出演している。著書に『こう見えて元タカラジェンヌです』（左右社）。愛称は「たそ」。

こう見えて元タカラジェンヌです
遅れてきた社会人篇

二〇二三年二月二十八日　第一刷発行

〈主な配役〉
著者　天真みちる
編集　筒井菜央
写真　四方花林
装丁　芥　陽子
発行者　小柳学
発行所　株式会社左右社
渋谷区千駄ヶ谷三丁目五五－一二
ヴィラパルテノンB1
TEL　〇三－五七八六－六〇三〇
FAX　〇三－五七八六－六〇三二
https://www.sayusha.com
印刷所　創栄図書印刷株式会社

ISBN978-4-86528-359-4